兩漢

主編　李樹芬

譚海芳

編寫　崔瑜昕

中華書局

致讀者

　　隨着社會的飛速發展，傳遞信息的報紙品種也越來越多，林林總總、琳琅滿目，但現代人看到和聽到的信息很多，反倒不覺得新鮮了。不過，古代發生的好玩兒的，有意思的事兒，現代人沒有親歷過，如果從當事人的嘴裏說出來，會不會覺得很有趣呢？

　　其實，古時候和現在一樣，也有很多「新聞」。那時的調皮小孩也會逃學、打架、捉迷藏、玩遊戲。只是那些事情離我們漸漸遠去，很少有人對現在的你講起。歷史課上，老師要我們背誦的只是一些枯燥乏味的年代、數字、人名和名詞解釋，諸如唐朝於 618 年建立，在 907 年滅亡；老師只關心我們能否把唐太宗的豐功偉績背得滾瓜爛熟，在答卷上得個高分。可有誰知道那些好玩兒的事兒呢？例如，在唐朝，唐太宗最愛「照鏡子」、第一大美女竟胖得像水桶、皇帝有個野蠻女友；在明朝，大臣可以在皇帝面前打群架、皇帝有私人警察——錦衣衛、太監竟把皇帝賣給了敵國……

　　現在，這些趣事都作為新聞登在了《中國歷史報》上。

　　《中國歷史報》每個朝代都有一份，每份都報道名人的趣事、歷史上發生的新鮮事兒、皇帝鮮為人知的家長里短、宮廷裏的鈎心鬥角，以及一些令人難解的歷史謎團……

　　《中國歷史報》上還有一些有趣的小欄目：「新聞快報」「記者述評」「娛樂八卦」「廣而告之」「百姓生活」……

可不要小瞧《中國歷史報》的編輯和記者們，他們都是每個朝代的名人呢！他們會給我們帶來最真實、最詳盡的新聞和報道。當然，《中國歷史報》也會刊登小讀者和普通老百姓的來稿。所有的新聞都來自「第一現場」，根據「第一手資料」得來。這些新聞每一則都風趣幽默，能引得讀者開懷大笑，因為《中國歷史報》編輯部的辦刊宗旨就是：把歷史事件寫成好玩兒的故事，容易理解、便於記憶，以喚起小讀者對學習歷史的興趣。

　　有趣的歷史故事都彙集在《中國歷史報》中，走進這個熟悉又陌生、令人驚奇又發人深思的歷史世界，你將感到無窮的快樂。

　　《中國歷史報》真是一份好看的報紙。好看在哪裏？它把歷史寫成了新聞。這樣一來可不得了，大臣成了爆料人，皇帝成了八卦對象，戰爭上了快訊，大事有了深度報道，拗口的專有名詞則化身為「時政辭典」裏推廣普及的熱詞……一句話，嚴肅到近乎沉悶的歷史一下子緊張活潑起來，充滿了新聞激動人心的特質。想想看吧，大名鼎鼎的趙武靈王做訪談嘉賓，和你一起聊聊穿胡服的好處，都江堰的驗收報告上了科技資訊，陰謀家呂不韋現身說法，來和你談風險投資，賢良的長孫皇后、和親的文成公主、孝順的晉陽公主都榮登大唐耀眼女性榜，翰林院的大臣們還為此搞了一個特別策劃，在「婦女節」集中報道……你見過這麼有趣的歷史嗎？

　　有趣可不是《中國歷史報》的唯一好處。它的第二個好處是可靠。就像我們今天看新聞，誰都知道負責任的媒體和娛樂小報大不相同，看古代的新聞，更是容不得為博眼球而胡編亂造。在可信度上，《中國歷史報》絕對屬於負責任的媒體。它一共八本，按時代先後分成先秦、秦、兩漢、三國兩晉南北朝、隋唐五代十國、宋元、明、清八部分，每本書裏講什麼、怎麼講，可都經過了編者的精心安排。怎麼安排呢？第一原則是突出時代主題。比如秦朝這一本，它由七大部分組成，第一部分變法圖強，第二部分合縱連橫，第三部分橫掃六合，第四部分千古一帝，第五部分揭竿起義，第六和第七部分都是楚漢爭雄。把目錄讀下來你就會發現，這不正是從戰國開始一直到秦朝滅亡的歷史進程嗎？變法圖強讓秦國強大，合縱連橫則是因為秦國強勢而產生的激烈外交鬥爭，橫掃六合是秦國

的統一歷程，千古一帝則對應着秦國變為秦朝這一千古變局和秦始皇的巨大成就，揭竿起義是秦末危機，而楚漢爭雄則對應着在諸侯滅秦的基礎上如何建立新時代。翻開書目，歷史大勢就已經躍然紙上，時代特質也了然於胸，這樣的歷史讀物，可比那些專講奇聞異事的書籍強多了。

除了突出時代主題之外，《中國歷史報》還力求全面反映時代風貌。以往的歷史書不都是政治主導嗎？《中國歷史報》的眼光可要開闊得多。就拿第一章變法圖強舉例子吧，除了三家分晉，各國變法之外，竟然把河伯娶媳婦、扁鵲見齊桓侯、鄒忌諷齊王納諫等故事也都寫了進去。要知道，這可不是一般的小故事，它對應着地方治理、醫學進步和謀臣縱橫這樣的大主題。舉重若輕，讓人在妙趣橫生之中長了見識。

每種書當然都有它的預期讀者。《中國歷史報》的第三個好處就是定位清晰。什麼定位呢？中小學生。價值導向考慮中小學生，表達方式貼近中小學生，欄目設置向中小學生傾斜，還有知識測試來檢查中小學生們的讀報成果 …… 不拔高，不降低，不長不短不肥不瘦，恰如量身定做。有了這種量身定做的態度，中小學生讀者們就不至於有閱讀成人讀物的違和感啦。確實，如今嚴肅的歷史書不大討中小學生喜歡，通俗的歷史讀物又往往是寫給成年人的，雖然好看，但是內容設定、寫作風格乃至價值判斷都未必適合未成年人，這樣的讀物拿給孩子看，家長們難免惴惴不安吧。如今，《中國歷史報》回應社會需求，專門打造一套適合青少年閱讀的歷史普

及讀物，算是特別的愛給特別的你，想想看，是不是有很貼心的感覺？

歷史講的是過去的事情，但它永遠面向未來。孩子當然是不折不扣屬於未來的，但他們和她們，也都繼承着來自祖先的古老基因，無論是血統，還是文化。歷史是土壤，孩子是花朵。土壤是花朵生存的養料，花朵是土壤存在的意義。那《中國歷史報》呢？希望它成為花朵和土壤聯繫的紐帶吧！

蒙曼

1 劉邦建國

前二〇二年～前一八〇年

2 文景之治
前一八〇年～前一四一年

3 劉徹雄風（上）

前一四一年～前一二六年

4 劉徹雄風（下）
前一二六年～前八七年

5 漢業中興

前八七年～前四八年

6 西漢末路

前四八年～二五年

7 劉秀開國
二五年～八八年

8 東漢衰落
八八年～二二〇年

劉邦建國

◎從小混混到帝王，漢高祖劉邦的成功之路是如何走出來的？

◎面對不講禮儀、語言粗魯的大臣，劉邦又是用什麼方法來維持朝堂秩序的？

◎兔死狗烹，風光一時的異姓王們是怎樣走向末路的？

◎漢宮流行穿的「深衣」，你知道它是什麼樣子嗎？

◎大漢建國初期的風采，盡在第一期「劉邦建國」中。

劉邦稱帝，建立漢朝

漢王五年（前 202 年）二月初三，劉邦登基稱帝，建立漢朝，國都暫時定於洛陽。在這個舉國歡慶的日子裏，本報記者深入採訪，打探到各方人士對劉邦稱帝的真實想法，請看報道：

丞相蕭何 漢王稱帝後，開始封賞功臣。我被封了食邑八千戶，還被允許帶着劍上朝，連我的父母兄弟十幾人也都有封賞。我知道這是皇帝念舊情，對我的特別賞賜。當初他還是窮亭長的時候，時不時要出差，我經常資助他路費。別人給三百，我卻給五百，夠義氣吧！現在皇帝對我很信任，我更要盡心輔佐他。

士兵甲 我挺自豪的，因為皇帝打天下的功勞中有我們的一份。現在不用打仗了，我們不僅可以回家種地，而且還被免除了幾年的徭役。離開家鄉這麼多年，現在終於可以和家人團圓，我真高興啊！有人說，不想當元帥的士兵不是好士兵，不過我覺得，當士兵的終極夢想還是解甲歸田，和家人享受和平、安定的日子。

士兵乙 當年不可一世的楚霸王項羽都被我們徹底擊敗在垓下，以後還有什麼困難能難倒我們的呢？我相信：跟着皇帝，有飯吃！

奴隸丙 當初天下大亂，我為了有一口飯吃，不得已成了奴隸。現在劉邦當皇帝了，下令釋放我們這些因為飢餓被逼成為奴隸的人。就衝這個，我感激他一輩子！

劉虎娃 💬 太陽當空照，花兒對我笑。二月初三是個好日子，大人們都這麼說。我也這麼覺得，因為在上學路上我撿到了一枚銅板。聽私塾的夫子說，從今天起我們有一個新皇帝了，姓劉。我很高興，因為我也姓劉。還聽隔壁陳小二他舅說，現在的皇帝年少時曾經是小混混，可是我娘說小混混不是好人啊！這是怎麼回事？明天我得去問問夫子。

編後注 💬 大家經常會聽說，誰受到皇帝的封賞，得到了食邑多少戶。那什麼是食邑呢？

食是吃、生活的意思，邑是封地的意思。得到食邑的人，靠的是在封地上收的租稅生活。租稅當然是從當地百姓手裏收取的。因此食邑的戶數越多，這個人就越富有。食邑是可以世襲，由自己的子孫後代繼承的。

記者觀察 皇帝的「煩惱」—— 朝堂太亂

劉邦登基稱帝後遇到了一點小「煩惱」：他感覺朝堂有些吵。那些開國大臣們多半是屠狗賣布和種田的人，缺少學問涵養，語言粗魯，舉止無禮。每次上朝的時候，他們一不高興就大吵大嚷的，甚至還當場打起來；高興的時候呢，又喜歡拔劍起舞、又唱又跳。

劉邦眉頭皺起來了：這個朝堂怎麼跟菜市場似的？大臣們是不是太「活潑」了？

有個會察言觀色的大臣叫叔孫通，他給劉邦出了個好主意：從禮儀之邦 —— 魯地（山東省）召集儒生來制定朝儀（上朝的儀式），這樣朝堂就不會又吵又亂了。

劉邦一聽，覺得這個辦法不錯，立刻吩咐人去執行。不過，他又提

了個要求：別讓儀式太複雜，而且不能折騰皇帝。

叔孫通和儒生們根據劉邦的要求很快制定好了朝儀。劉邦讓大臣們到城外演練了一個月，視察之後很滿意。

今上七年（前 200 年），新宮殿長樂宮修好了。正月初一那天，百官到長樂宮去朝賀，行走、起立、跪拜、就座、敬酒等動作都有規有矩，朝堂氣氛嚴肅莊重。劉邦看了得意地說：「我現在才知道當皇帝有多麼威風！」

朝儀讓皇帝顯得更尊貴了，可是也拉遠了臣子和皇帝的距離。不知道劉邦以後會不會覺得高處不勝寒呢？

（特約記者　張良）

雇傭挑夫

　　因都城由洛陽遷往長安，為方便經商，本店即將搬遷。現招聘挑夫三名，要求：1. 品貌端正；2. 氣力足（單手能提起200斤重物者合格）；3. 無犯罪記錄；4. 有挑夫相關經驗一年以上者優先。工資面議。應聘者來時請攜帶相關身份證明。

前 200 年六月初六

于福記

特別策劃　和匈奴的那些事兒

　　匈奴是位於中原北方的一個遊牧民族。他們在秦始皇時期被打敗過幾次之後，待在北方平靜了十幾年。可是等到秦朝滅亡，中原又發生楚漢相爭的時候，匈奴又趁機一步一步向南邊打過來了。

　　這次，大漢與匈奴之間又發生了什麼事兒呢？

和匈奴過招，劉邦白登被圍

起因 💬

　　今上七年（前 200 年），匈奴的冒頓單于（音同莫獨蟬于，冒頓是人名，單于是匈奴君主稱號）帶領四十萬人馬包圍了韓王信（原韓國貴族，

和韓信是兩個人）的封地馬邑（今山西朔州市朔城區）。韓王信抵擋不住，竟然向匈奴投降了。而冒頓佔領了馬邑後，又繼續向南進攻，圍住了晉陽（今太原市）。

劉邦很生氣，親自趕到晉陽，和匈奴對抗。

詳細經過 💬

冬天，天空下着鵝毛大雪，天氣特別冷。大漢士兵從沒碰到過這麼冷的時候，不少人被凍死了，還有的人被凍傷，凍掉了手指。正當大家灰心喪氣的時候，前方傳來消息，說匈奴兵一接觸漢朝的軍隊就大敗而逃。漢軍信心十足，一連打贏了好幾仗，打得冒頓單于一直逃到了代谷（今山西天鎮縣與河北懷安縣之間）。

劉邦率兵進入了晉陽，然後派出士兵去偵察。士兵回來後都說冒頓的部下全是一些老弱殘兵，馬也瘦得不像樣。如果趁勢打過去，肯定能取勝。

劉邦心中狂喜，他又派出劉敬到匈奴營地刺探情況。沒想到劉敬回來卻搖頭說：「我們看到的匈奴人馬的確都是些老弱殘兵，但我認為冒頓一定是把精兵埋伏起來了，陛下千萬不能上這個當！」

這一番話無疑給劉邦潑了一盆冷水。劉邦頓時大怒道：「你膽敢胡說八道，想阻攔我進軍？」說完就把劉敬關押了起來。

高潮 💬

劉邦率領一大隊人馬剛到平城（今山西大同市東北），突然從四面八方湧出無數匈奴兵來。原來的老弱殘兵全不見了，匈奴兵個個人強馬壯。大漢軍隊拚命殺出一條血路，保護劉邦退到了平城東面的白登山上。

而此時，冒頓單于又派出了四十萬精兵，將漢軍圍困在了白登山。

轉機 💬

已經整整被困住七天了，情況越來越危急。謀士陳平想出了一個辦法，他秘密派出一個使者攜帶大量黃金、珠寶去見冒頓的閼氏（就是匈奴的君主之妻），請她在單于面前說些好話。

晚上，關氏對冒頓說：「我們雖然佔領了漢朝一些地方，但沒法長期住下來。再說，肯定會有人來救漢朝皇帝的，還不如早點撤兵回去呢！」冒頓覺得關氏的話有道理，於是第二天一大早就下令將包圍網撤開一角，放漢兵出去。

此時，天還未全亮，四周彌漫着濃霧。劉邦得知消息後，趕緊悄悄地撤離白登山。陳平還叫弓箭手站在皇帝左右兩旁拉滿弓，保護皇帝下山。

劉邦提心吊膽地逃出了匈奴的包圍圈，趕緊快馬加鞭，一口氣逃到了廣武（今山西省山陰縣廣武村）。等他定下神來後，第一件事就是把劉敬放出來，對他說：「我沒聽你的話，結果被匈奴圍在了白登山，差點兒不能和你見面了。」

漢朝被迫與匈奴「和親」

結局 💬

劉邦知道自己沒有力量再去征服匈奴，只好回長安去了。

後來，匈奴一直侵犯北方，劉邦對此大傷腦筋。他問劉敬該怎麼辦？劉敬說：「最好採用『和親』的辦法，大家講和，結為親戚，彼此可以和和平平地過日子。」

劉邦同意了，然後派劉敬到匈奴去說親。待對方同意後，劉邦挑了一個宮女所生的女兒，稱作大公主，送到了匈奴。

從那時候起，漢朝開始採取「和親」的政策，跟匈奴的關係才開始緩和了下來。

大漢天子劉邦事跡展

　　本報訊　為滿足大家對開國皇帝劉邦的好奇心，開心茶館週末將舉辦一次大漢天子劉邦事跡展。展覽將講述劉邦是如何從「小混混」成為一代帝王的。展出內容主要分以下幾個部分：

　　1. 劉邦出身。由劉太公——也就是劉邦的父親供稿。劉邦小時候不喜歡讀書和勞動，經常被他爹訓斥，被罵作「無賴」。他當年的具體情況是怎樣的呢？

　　2. 神秘傳說。由劉邦的好友兼臣子蕭何供稿。劉邦是個有傳奇色彩的人物，有人說他是由母親和一條龍生下來的，還有人說他的腿上長了七十二顆黑痣——有「痣」青年不一般啊！當然，也少不了他當初斬白蛇起義的傳說。另外還有「龍雲」「天子氣」等傳言。想聽領袖八卦故事的，可千萬別錯過這些精彩內容！

　　3. 性格為人。由劉邦的謀臣張良供稿。張良認為劉邦的成功和他的性格分不開。劉邦性格豪爽大方，賞罰分明，所以人緣好，大家喜歡跟着他打天下。劉邦還善於用人，樂於聽取別人的意見。比如他用張良出謀劃策，用蕭何治國安邦，用韓信打天下。這三個人被稱為「漢初三傑」，為劉邦打天下立下了汗馬功勞。

　　4. 主要事跡。由劉邦的謀臣陳平供稿。劉邦在沛縣起義，攻入秦首都咸陽後，與當地老百姓約法三章，不去侵犯百姓，受到了歡迎。鴻門宴上躲過楚霸王項羽的謀害，垓下之圍消滅了項羽的勢力，最終稱帝。精彩事跡數不勝數！

　　本次展覽將持續兩週，歡迎大家前來參觀！

成也蕭何，敗也蕭何

韓信

項梁去世後，我成了項羽的部下。可是項羽剛愎自用，不聽人的意見，真讓人憋屈。

☐ 項羽：何方小卒，竟敢在背後說我壞話！ 　　刪除｜回覆

☐ 蕭何：好漢，項羽不重用你，來投靠我的主公劉邦吧！相信在我們這

裏，你一定可以大展宏圖。 　　刪除｜回覆

☐ ×××：一兩銀子加 1000 粉，可以擴大知名度喲親！ 　　刪除｜回覆

韓信

都是騙子！劉邦也不重用我，我差點被砍頭！好驚險，我決定離開劉邦了！ @ 蕭何

☐ 蕭何：你不要走，我一定會說服劉邦重用你的！連夜追趕你，月亮代表

我的心！ 　　刪除｜回覆

☐ 劉邦：是我錯待了壯士！我封你為大將，項羽還得靠你收拾啊！

　　刪除｜回覆

蕭何

這幾年韓信打敗了趙王，擊敗了齊軍，又設下十面埋伏的計謀打敗了項羽，立下汗馬功勞。多虧我當年把他追回來啊！ @ 劉邦

□ 韓信：功勞是不少，可我的爵位怎麼越來越低啦？從齊王到楚王，又到

　　現在的淮陰侯，劉邦不斷削弱我的勢力，想做什麼？　　刪除｜回覆

□ 劉邦：呃⋯⋯有個詞叫作「功高震主」⋯⋯　　刪除｜回覆

□ 漂母：韓信這小夥子好啊，知恩圖報。當年我給他一頓飯吃，現在他有

　　出息了，給了我一千斤金！　　刪除｜回覆

韓信

我不該那麼相信你，蕭何，你竟然和呂后聯合陷害我！沒
想到如今我要死在女人手裏了！劉邦，現在我好後悔沒有
造反！ @蕭何 @劉邦

□ 蕭何：老朋友，對不起了，其實我也身不由己⋯⋯　　刪除｜回覆

□ 劉邦：韓信，我出門在外，不知道呂后竟然會下毒手啊！　　刪除｜回覆

□ 呂后：劉邦，別假惺惺的了。要是沒有你的默許，我會這麼做嗎？

　　刪除｜回覆

韓王信 ≠ 韓信

朋友們，看到上面的兩幅圖了嗎？左邊的是韓王信，右邊的是淮陰侯韓信。其實這兩個人的名字都叫韓信，不過為了更好地區分，就稱呼被封為韓王的那位為「韓王信」了。

左圖的韓王信看上去是個帥大叔的模樣。他原本是韓國的宗室子弟，劉邦稱帝後把他封為韓王。匈奴圍攻他的領地時，他投降了匈奴，幾年後被漢軍殺死。韓王信的兒子和孫子後來又投降了漢朝。

相信大家更熟悉右圖的淮陰侯韓信吧。圖片裏的人還沒長鬍子，估計是畫師聯想韓信年輕時的相貌畫的。韓信軍事才能卓越，被人稱讚為「無雙國士」。據說韓信被殺後，他的兒子被蕭何偷偷送往南粵。為了逃避朝廷追查，就把「韓」姓拆分為「卓」「韋」兩部分，讓後世子孫繼承這兩個姓氏。

兔子死了，獵犬還有用嗎

劉邦奪取天下後，根據功勞分封了七位功臣為異姓王（所謂的「異姓」就是不姓劉）。這七位功臣是楚王韓信、梁王彭越、淮南王英布、韓王信、燕王臧荼、趙王張耳、長沙王吳芮。其中，韓信、彭越、英布的功勞是最大的。

> 皇帝你好狠啊，連自己女婿都不放過！

劉邦稱帝後不久，異姓王們有的被降了爵位，有的被逼謀反，還有的被陷害。劉邦對自己的女婿（趙王張敖張耳之子，襲其父爵位）隨意辱罵。張敖手下大臣憤憤不平，想要刺殺劉邦。事情敗露後，張敖被貶為宣平侯。

> 張敖，你的屬下意圖謀反，你被貶為宣平侯了！

楚王韓信和梁王彭越的死都有呂后參與謀劃。呂后聯合蕭何，把韓信騙進宮殺掉；後來，她又欺騙彭越說要為他求情，背後卻在劉邦面前說彭越要造反，然後滅了彭越的全族。

> 哀家就這麼兩面三刀！
>
> 最毒婦人心啊！

百姓們偷偷議論：這是劉邦看著功臣們沒有用了，就把他們給害了啊！

> 劉邦，你是不是得意忘形啦？殺掉這麼多功臣一定會留罵名的。死了我也繼續鄙視你！

看到這幅圖，你會不會以為我們講的是一個童話故事？不是的。如果把劉邦比喻成獵人，把他的敵人比喻成一群被狩獵的兔子，那麼韓信、彭越等人就是幫助劉邦追逐獵物的獵犬。兔子死了，獵犬留著還有什麼用呢？只會等著被主人殺死，成為噴香的狗肉罷了。「兔死狗烹」的道理，相信韓信、彭越等人臨死前都明白了吧！

劉邦虐馬事件始末

據某位民間動物保護協會人士爆料，劉邦曾經殺過一匹白馬。他還和大臣們一起飲馬血，其行為十分殘忍。經本報記者暗訪，得知此事確鑿。

事情起因是：楚王韓信、梁王彭越、淮南王英布等幾位異姓王被疑造反，朝廷先後將他們消滅了。後來又因為呂后的娘家勢力太大，劉邦不放心，所以就殺了一匹白馬，和大臣們歃血為盟，讓他們發誓：以後不是姓劉的不能封王，不是功臣不得封侯。違背這個誓約的，大家一起討伐他。臣子們發誓後，劉邦這才放下心來。

一匹馬枉死了，死得很委屈：為什麼發誓要喝血？以前人們結義不是都喝雞血嗎？這回怎麼來禍害馬了？

現在看來，這匹馬確實死得很冤。因為劉邦死後，呂后照樣給她的娘家人封王，當年的誓約有什麼用處呢？這件事告訴我們：發誓時喝血是沒有道理的，誠信自在人心，它不是說出來的，也不是喝出來的。

（本報記者　憤青小馬）

受歧視的商人你傷不起

尊敬的編輯：

您好！我是個商人，大漢剛建立時，我聽說皇帝放寬了對私人工商業的限制，於是從了商，可沒想到商人這麼受歧視。我特意寫信向您和廣大讀者訴訴委屈。

歧視一：不能穿絲綢的衣服。我守着賣絲綢布匹的鋪子，只能眼饞，不能穿，這是讓你有錢也享受不了啊！

歧視二：不能乘車。雖說經過秦末的戰亂，現在牛啊，馬啊少了許多，現在人們趕路基本靠雙腿走，但是路途遙遠不讓乘車就太折磨人了。

歧視三：朝廷對商人徵收重稅。這就是從經濟上壓制我們，有不少同行被打擊得破產了。

歧視四：不允許商人和商人的後代為官為吏。這也算最嚴重的一條歧視，影響了我們商人子孫的前程。

怎麼樣？受歧視的商人你傷不起啊！

長安　商傷

親愛的商傷讀者：

您好。來信已收到，我們從信中深切感受到了作為商人的一些苦悶。目前大漢嚴格制約商人是有一些原因的，我們來給您分析一下。

首先，皇帝更重視農業發展，因為糧食是天下百姓生存的根本。

其次，有些富商大賈趁着戰亂兼併了大量土地，到處掠奪農民，使他們成為奴隸，也使不少農民破產，背井離鄉到處流亡。這些富商往往還賄賂各地諸侯王，官商勾結，不利於帝國的統治。

再次，有些不法商人囤積貨物，鬨抬物價，給大漢經濟造成了不利影響。

看了上面幾條，您對皇帝歧視商人的原因有一定了解了吧？您可以說是被一些壞心富商連累了，也被我們大漢現在的經濟水平限制了。或許以後大漢更加富強的時候，你們商人的地位會有所提高吧！

最後祝您買賣興隆！

本報編輯　百科一代

我們學習的好榜樣 —— 陳平

前 195 年六月二十九日　晴

最近老師在學堂裏給我們講開國功臣們的故事。今天他講到了陳平。這個名字平平淡淡的，很普通，我原本記不住，可是聽老師講完他的故事，我就記住了。

老師講，陳平小時候除了長得好看一點，可愛一點，表面上看和我們這些小學生也沒有太大的區別。我照了照鏡子，覺得自己也挺好看的，也許以後我也能成才呢！

老師還講，陳平小時候沒了父親，是靠他哥哥養大的。陳平的嫂子對他不好，經常嘲笑他只知道學習，不出去賺錢。陳平的哥哥覺得自己的妻子不夠賢惠，就把她趕回娘家了，從此以後一心支持陳平的學業。陳平沒有辜負自己的哥哥，終於學有所成，還輔佐劉邦打天下，立下了功勞。

陳平有這樣的哥哥，真讓人羨慕啊！

七月十二日　多雲

今天課間休息的時候，老師讓我給大家分荔枝吃。我最喜歡荔枝啦，所以偷偷給自己多留了幾顆，沒想到被老師發現了。老師沒有訓斥我，而是給我講了個陳平分肉的故事。

陳平的家鄉有祭祀土地神的習慣，在一次祭祀之後，陳平負責給大家分肉。能負責這項任務說明鄉親們都信任陳平。果然他十分公平地給大家分完了肉，沒有人不滿意。陳平說：「將來如果有一天我能管理國家大事，也要像現在分肉一樣公平。」

聽完這個故事，我很不好意思。老師說從一件小事就能看出一個人的品性，我決定，要向陳平學習，不再讓老師失望啦！回到座位後，我就把自己多出來的荔枝分給班裏年紀最小的同學了。

數學達人張蒼

　　「達人」是指在某一方面非常專業並出類拔萃的人物。我們說張蒼是數學達人，這是為大漢百姓所公認的。

　　大漢建立之初，不少功臣都是軍人出身。張蒼比較特別，他是個科學家。別看張蒼長得白白胖胖像個富家翁，他學問可大了，而且很有鑽研的精神。戰國時期流傳下來的一本數學專著《九章算術》，裏面有幾何、算數、方程等知識，涉及人們生產生活中的多種計算方法。一般文人都看不懂，可張蒼不但看懂了，還對這本書進行了增補，讓《九章算術》的內容變得更加豐富。

　　劉邦發現了張蒼的數學才能，於是讓他制定曆法。張蒼採用秦代以來的《顓頊曆》，把十月作為一年的開端。後來劉邦把張蒼官職提升為計相，也就是專門負責登記戶口、賦稅等事務的官職。

　　張蒼不但數學方面出色，還精於音律的研究。他調整樂調，使其符合「五聲八音」，聲指的是宮、商、角、徵、羽，八音有土做的壎，葫蘆做的笙，皮革做的鼓，竹做的管，絲做的弦，石頭做的磬，金屬做的鐘，木頭做的祝。張蒼又由音律類推其他事物，制定了大漢的度量標準。天下的工匠都按照統一標準來製作物件。

　　數學達人張蒼為老百姓做了不少貢獻，要是這樣的科學家再多幾位就好啦！

（選自《大漢科技報》）

劉邦的皇后是呂后，但是他卻偏愛自己的寵妾戚姬，甚至想改立戚姬的兒子如意為太子，廢掉呂后之子劉盈的太子之位。大家對這件事都有什麼看法呢？本報記者找來幾位相關人員，讓我們來聽聽他們的心聲吧！

　　劉盈 💬 對太子之位，我其實並不是十分看重。弟弟如意聰明過人，才學出眾，我也很喜歡他。希望我們不要因為爭奪帝位，傷了兄弟感情。

　　周昌 💬 我與皇帝劉邦是老鄉，現在是御史大夫。皇帝要廢太子，我當然是十萬個不贊同。太子劉盈為人老實忠厚，而且沒有什麼過失，為什麼要廢呢？雖然我說話有些磕巴，但也一定會鼓足勇氣指出皇帝的錯誤。

　　呂后 💬 對劉邦忘恩負義的做法，我非常的傷心。戰爭年代，我為他吃了那麼多的苦，如今他卻為了小老婆來傷害我的兒子，這絕對不可以！

　　張良 💬 我們很多大臣都不同意廢太子。後來，呂后聽從我的主意，聘請了「商山四皓」（四位有名望的隱士）。有一天，皇帝與太子一起飲宴，他見太子背後站着四位白髮蒼蒼的老人，一問才知是「商山四皓」。四皓還上前謝罪道：「我們聽說太子是個仁人志士，又有孝心，禮賢下士，我們就一齊來做太子的賓客。」皇帝知道大家很同情太子，又見太子有四位大賢輔佐，這才打消了改立趙王如意為太子的念頭。

　　戚姬 💬 @#%……

　　記者 💬 不好意思，戚姬還沒說話就被呂后趕出去了。我們的採訪到此結束。（劉盈後來繼位為帝。）

（特約記者　張良）

丞相曹參不做事

蕭何輔佐劉邦打天下，又在大漢建國後做了丞相。他任勞任怨、勤勤懇懇、鞠躬盡瘁，天下人沒有不佩服他的。今上二年（前193年），蕭何病重，皇帝（即惠帝劉盈）前去探望。在病榻前，今上詢問蕭丞相：「您走了之後，誰可以替代您呢？曹參行嗎？」蕭何說：「您能讓曹參做丞相，我死也可瞑目了！」

蕭何去世後，曹參接任丞相。大家都很關注新一任丞相如何辦公，但是讓皇帝和官員們都很驚奇的是，曹參每天都喝得醉醺醺的，行為懶懶散散，一點兒也沒有丞相的樣子。當年的蕭何每天忙得腳打後腦勺，這曹參是不是無法勝任丞相的工作呢？

皇帝坐不住了，讓曹參的兒子去探探口風。結果曹參很生氣，反倒抽了兒子一頓鞭子，說：「國家大事你哪有權過問！」

皇帝於是親自去見曹參，直接問他：「您是怎麼想的？」曹參說：「我自認沒有蕭何厲害，只要完全按照他的規矩辦事就好啦！」原來曹參上任後仍舊用蕭何以前的下屬，沿用老規矩辦事，沒有任何更改。皇帝想了想，覺得曹參說得有道理，於是不再管他了。

大家管曹參的做法叫「蕭規曹隨」。或許是曹參歪打正着，在他做丞相期間，國家安定，百姓的生活漸漸好了起來。

麻辣點評：

曹參能夠在做丞相的時候這樣偷懶，都是沾了蕭何的光。沒有蕭何打下的好底子，他這種做法就是在瀆職了。不過曹參的做法影響了我們大漢的一批官員，使他們也開始學着飲酒而不管事了，這恐怕不是什麼好事。

民間個人可以藏書啦

　　讀書人有福啦！今上四年（前 191 年）的三月，皇帝下令廢除「挾書律」。「挾書律」是當年秦始皇焚書的時候頒佈的一項法令，內容是除了官府有關部門可以藏書外，民間一律不得私自藏書。大漢建立後，延續了「挾書律」。現在惠帝把它廢除，以後讀書人看書的機會就多了。這將十分有利於各種知識和思想的傳播，真是大快人心！

（選自《大漢教育報》）

時尚
採風 # 漢宮流行穿深衣

　　春季到來，街邊柳枝抽芽，草叢裏小花星星點點，只有滿大街百姓的清一色麻布衣衫稍顯沉悶。相信大家都對漢宮裏的服裝樣式很感興趣吧？本期我們的資深情報員宮女馬氏為我們分享一些消息，讓我們一起來開開眼界吧！

記者

　　漢宮內美女一定很多吧？

　　是呀，宮內皇帝美妾成群。她們穿的衣衫精美華麗，色彩繽紛，可比大街上人們穿得好看多了！

宮女馬氏

記者　她們的衣衫樣式和我們有什麼不同嗎？

宮女馬氏　宮裏流行穿一種叫「深衣」的服裝，樣式和普通百姓的類似，都是交領、右衽（音同認）、繫腰帶。不過老百姓的衣服袖子比較窄，宮裏的深衣袖子大多又寬又大，袖口鑲着精緻的邊。另外深衣一般比較長，下擺呈喇叭狀，幾經轉折，繞至臀部，然後用綢帶繫束，所以稱為「曲裾」。衣服蓋着腳，走起路來如行雲流水般飄逸。

記者　那深衣的布料有什麼特點呢？

宮女馬氏　用料主要是絹布和絲綢，顏色豐富，布料上織有許多紋樣，比如雲紋、動物、卷草等。

記者　可以想象出來，漢宮美女穿着這樣的深衣一定顯得更靚麗、更有氣質了吧！我們很羨慕宮女馬氏在宮裏可以看到這麼多華麗的服裝。最後展示一幅深衣的圖片，供大家觀賞。

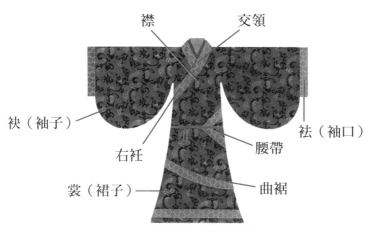

襟　　交領

袂（袖子）

右衽　　腰帶　　袪（袖口）

裳（裙子）　　曲裾

曲裾深衣（漢代）

《呂后的一生》即將開演

　　作為開國帝王劉邦的妻子，呂后自然不是一位簡單的人物。您想了解呂后的生平嗎？大話劇場特別推出劇目：《呂后的一生》，歡迎大家前來觀看。

內容梗概：

　　呂雉（音同致）是劉邦的結髮妻子。在劉邦還沒發跡時就下嫁給了他。剛嫁給劉邦時，呂雉為了維持家計，還需要下田勞作。等到有了一雙兒女之後，生活就更苦了。劉邦整天在外忙他的大事業，呂雉卻因為劉邦的牽連，還曾經被捉去坐牢。

　　楚漢爭霸時，項羽把呂雉和劉邦的父親劉太公抓去做人質，以此威脅劉邦。但劉邦是個心狠的人，對他們不管不顧。作為人質，呂雉被困了三年，在一次次挫折的磨煉下，她的性格更加堅毅了。

　　戰爭結束後，呂雉成了皇后，那時她已經四十多歲了。多年的磨難使她年老色衰，劉邦此時疼愛年輕貌美的戚夫人，想廢掉呂雉的兒子劉盈。呂雉東奔西走爭取支持，終於保住了劉盈的太子之位。

　　劉邦死後，呂雉掌權。她殘忍地殺掉了劉邦最寵愛的戚夫人，還毒死了趙王如意。兒子劉盈不滿意母親的做法，整日以酒澆愁。

　　呂后的一生，充滿了波折，既令人同情又令人覺得可怕。看完《呂后的一生》，相信大家會有許多不同的感受。

劉章藉詩諷呂后

耕田歌

深耕穊①種，立苗欲疏②；

非其種者，鉬③而去之。

①穊（音同既）：稠密的意思。

②立苗欲疏：指幼苗長大後，必須間苗以保證其有足夠的生長空間。

③鉬：同「鋤」，鏟除。

【賞讀】

　　上面這首《耕田歌》是劉邦的孫子劉章寫的。劉邦死後，呂后專權，經常欺壓劉姓諸侯王而重用呂家人。

　　在漢宮的一次酒席上，劉章為呂后唱了這首《耕田歌》，大意是：種田時先要深深地犁地，把下層有養分的土翻上來，再有一定密度地播種，等禾苗長出來，要給它們間苗；不是自己種的苗，一定要鋤掉。

　　這首詩歌不但說明了農耕的道理，也強調了劉家的正統地位，呂后聽了默然無語。

1. 漢高祖劉邦是哪年稱帝的？

   A. 前 202 年　　　B. 前 206 年

   C. 前 201 年　　　D. 前 196 年

2. 西漢的都城後來遷到了哪裏？

   A. 洛陽　　B. 長安　　C. 沛縣　　D. 太原

3. 「漢初三傑」都有誰？

   A. 蕭何、韓信、陳平　　　B. 張良、韓信、陳平

   C. 蕭何、韓信、張良　　　D. 蕭何、韓王信、張良

答案：1. A　2. B　3. C

文景之治

前一八〇年～前一四一年

◎劉恆無權無勢，在皇子中毫不起眼，為什麼他能坐上皇帝寶座？

◎劉啟是個「小心眼兒」，當太子時因為下棋而發怒殺人，即位後他能當個好皇帝嗎？

◎七國諸侯王發動叛亂，朝廷會採取什麼措施？最後孰勝孰負？

◎在劉恆父子的統治期間，社會逐漸安定，百姓逐漸富裕。國家的糧倉豐滿起來，新穀子壓着陳穀子；錢庫裏的大量銅錢多年不用，以至於穿錢的繩子爛了。我們一起來看看這段繁華的歷史吧！

天上掉餡餅 —— 劉恆當皇帝

　　前180年，一位幸運的皇帝 —— 劉恆登基了。為何說他幸運呢？據記者調查，劉恆本來是最不起眼的一位皇子。他從小做事都是小心翼翼的，表現得很老實。誰都沒想到他後來能當皇帝。

　　呂后當權時，殺害了劉邦的好幾個兒子，後來還活着的只剩下兩個 —— 代王劉恆和淮南王劉長。呂后死後，周勃和陳平等人發動政變，從呂家人手中奪回朝政。因為劉恆性格寬厚仁慈，名聲好，所以被大臣們擁立為帝。

　　劉恆本來沒有當皇帝的野心。他剛聽到自己被擁立為皇帝的消息時，還以為是誰的陰謀，又是算卦又是召集謀臣商議。從代王的領地前往長安城的路上，他不斷讓人打探消息，最後進宮了心裏的石頭才落了地。劉恆謙虛地推辭了三次，才正式即位。這個皇帝很謹慎啊！

（特約記者　陸賈）

出現日食都是我的錯

罪己詔

日食是一種不常見的天象，古人認為，日食出現是上天對人間統治者的警告。這次天空出現日食，說明朕有不當的地方，朕一定會反省自己。

朕想請大家幫朕思考一下：朕犯了什麼錯誤，有什麼沒做到的地方。希望你們能推薦賢良的人和能夠直言不諱的人，來幫助朕更好地領會天意。

另外，朕宣佈解散一部分保衛皇帝的軍隊，將多餘的馬匹補充到驛站。地方政府也要節省開支，多把錢用在便民舉措上。

前元二年（前 178 年）農曆十一月三十

- -

編後注 💬 這封詔書一下，全國廣開言路，提意見的信件像雪片一樣飛到漢文帝的面前。甚至在今上坐車外出時，還有老百姓前來提意見。文帝採納了不少，也提拔了一些人才。由此看來，這次日食的出現也是件好事啊！

特別報道 竇皇后尋親

劉恆即位後，竇漪房成了皇后。

竇皇后的心中有個遺憾：小時候她和家人失散，現在不知道去哪裏尋找親人。而劉恆當上皇帝後，政務繁忙，也不好去麻煩他。在自己被

冊封為皇后的那一天，她向劉恆提議，宴請天下的孤寡老人和孤兒，賞賜他們食物和生活用品，希望藉此機會尋找親人。

這個善舉讓百姓們十分感動，爭相把竇皇后和家人失散的消息傳揚了出去。沒多久，一個叫竇少君的人前來認親，說自己是竇皇后的弟弟。竇皇后急忙召見，聽他把小時候的事兒一說，果然是一家人。兩人不禁抱頭痛哭，皇帝劉恆在一邊看了都掉淚了。

不久，竇皇后又找到了自己的哥哥。她沒有接受皇帝給竇家兄弟的大量賞賜，只是給了他們能夠養活自己的田產。

大家都對這件事豎起了大拇指：皇帝一家人都是好心腸，對老百姓特別的好，而且處事公平啊！

戰地新聞 一紙詔書讓敵人不戰而敗

大家好，我是丞相灌嬰，現在暫時作為戰地記者為大家報道前線戰況。

今上前元三年（前 177 年），匈奴南下侵擾上郡（今陝西榆林）。我奉命率領八萬漢軍，飛速趕往前線抗擊匈奴。皇帝雄心勃勃，為提高士氣也親自前往督軍，立志要打垮匈奴。

我們的大軍剛到達前線，就聽說匈奴聞風逃跑了。正在大家失望的時候，又傳來不好的消息：濟北王劉興居造反了！

北伐還未開始，自家「後院」倒先「起火」了。皇帝很生氣，命我盡快領兵回長安。他又派另外兩路兵馬，一路前往滎陽去阻擋叛軍前進，一路直接攻打叛軍。

然後，皇帝又下了道詔令，說劉興居叛亂，罪大惡極，濟北的百姓

能誅殺叛軍者都重重有賞；跟隨劉興居造反者，如果能夠立即投降，則既往不咎；如果執迷不悟，那就休怪皇帝不客氣。

詔令一出，劉興居身邊人心浮動，不少人逃跑投降，劉興居也很快被俘，最後自殺而亡。

看來，皇帝的這個詔書威力很大啊！不僅瓦解了叛軍，還讓我們的軍隊減少了不少犧牲。

（戰地記者　灌嬰）

飛鴿傳書　弟弟，你為什麼要造反

兄弟情深

1

親愛的弟弟：

好久不見，最近可好？我過幾天要去打獵，你也一起出來玩兒吧！

皇帝劉恆

前元三年（前 177 年）某月某日

2

親愛的大哥：

好的，我馬上趕往長安。我還沒坐過皇帝的車輦呢。這次打獵，你就讓我和你坐一起吧！

淮南王劉長

某月某日

矛盾出現

3

弟弟：

　　我非常生氣！你怎麼不聲不響就把辟陽侯審食其給殺了？殺人可是要償命的啊！

皇帝劉恆

某月某日

4

大哥：

　　我早就看審食其不順眼了！當初，他如果在呂后面前好好為我母親求情，她也不至於遭受牢獄之災，更不會撞牆自殺了。審食其只會跟着呂后做壞事，卻不知道勸諫，這樣的人難道沒有罪嗎？

淮南王劉長

某月某日

弟弟造反

5

劉長：

　　雖然我們不是一母同生，但看在你是我弟弟的分兒上，我寬恕你在長安殺人的罪過。可是近來聽說你在自己的封地上鬧騰得很歡？

　　你自己頒佈法律、任命大臣，出入要像皇帝一樣清道戒嚴……這些我都忍了，可你怎麼還要勾結南越和匈奴反叛呢？難道我對你不好嗎？速速來長安見我！

皇帝劉恆

前元六年（前 174 年）某月某日

6

大哥：

　　你是怎麼知道我要造反的？我這就去長安向你請罪，你不會懲罰我吧？

淮南王劉長
某月某日

絕食自殺

7

劉長：

　　造反的罪名很大，通常都會抄家滅族，看在我們兄弟的情誼上，我將你發配到蜀郡（今四川），希望你能夠改過自新。

　　又及：這一路有好酒好肉供着你。到了蜀郡，我會讓你以前的妻妾去陪着你，以免你寂寞。哥哥對你仁至義盡啦！

皇帝劉恆
某月某日

8

皇帝：

　　劉長在去往蜀郡的途中絕食自殺了！因為他坐的車子外面有帷幔擋着，所以我們一開始沒有發現。屬下失職，請皇帝責罰！

　　另外從劉長侍從那裏打聽到消息，劉長曾對他們說過，自己因為太驕縱而犯錯，十分後悔。

護送士兵甲
某月某日

感動大漢人物評選

皇帝劉恆：久病牀前有孝子

人物事跡 💬

誰說久病牀前無孝子？文帝劉恆在他母親薄太后的病牀前侍奉了三年，依然不辭勞苦，細心體貼。每天要處理那麼多的國家大事，已經很辛苦了，但是劉恆依然堅持晚上熬夜陪伴在母親身邊。薄太后要喝湯藥時，劉恆都要先嘗一下，確認沒有問題再給母親喝。

頒獎詞 💬

孝順，不因身份而發生改變。三年細心侍奉病牀前，他讓我們見證了親情的溫暖。「仁孝臨天下，巍巍冠百王。漢庭事賢母，湯藥必親嘗。」這是大家對劉恆的評價，這份孝心會在大漢繼續傳遞。

獲獎感言 💬

作為一個兒子，孝順是我應該做的；作為一代帝王，我更需要以身作則。謝謝大家對我的認可！

小姑娘緹縈：孝心使得皇帝廢除肉刑

人物事跡 💬

前元十三年（前167年），一位叫淳于意的醫生因為得罪權貴被判有罪，按照刑罰要被處以肉刑。肉刑是個很殘酷的刑罰，這就意味着他可能會被割去鼻子或者砍掉腳趾。

淳于意的小女兒叫緹縈，她不忍心看到父親遭受肉刑，就想辦法

上書今上劉恆，說自己甘願賣身為奴婢，替父頂罪。她的做法感動了皇帝，於是淳于意被赦免了。因為這件事，皇帝發現肉刑是個很殘酷的刑罰，下令廢除，百姓們知道了都很高興。

頒獎詞 💬

一個小姑娘，做出了大人都難以做到的事情。親情給了你勇敢，也給了你智慧。你的孝行不但拯救了自己的父親，也拯救了天下更多的人。

獲獎感言 💬

在遇到挫折的時候，不要把精力都用來哭泣。邁動你的腳步，或許奇跡就在前方等着你！

經濟新聞 — 政府允許百姓私鑄錢幣

前元五年（前 176 年）的夏天，皇帝廢除了秦代以來禁止私鑄銅錢的法令，允許民間有實力的人鑄造四銖（古代重量單位）銅錢，但造的銅錢要符合政府的要求。這條詔令一下，天下嘩然，有興奮者，也有憂慮者。

興奮的人大多是商人，這意味着他們手裏將有更多的錢用來進行投資；憂慮的人認為銅礦應該由國家來掌控，放縱百姓鑄造錢幣，會攪亂市場。筆者同意後一種觀點，並幾次三番向皇帝提建議，但是皇帝認為筆者偏激，仍然堅持己見。

目前看來，因為這條詔令得利最大的有兩個人，一個是吳王劉濞，一個是皇帝的弄臣（為帝王所寵幸狎玩之臣）鄧通。他們擁有銅礦，可以大量鑄造錢幣。也許皇帝下達這條詔令另有深意，筆者揣摩不透，是對是錯，還是留待後人評價吧！

（新聞評論員　賈誼）

百姓富裕，盛世到來

後元六年（前 158 年），皇帝發佈了新的詔令：弛山澤。這就意味着，以前所有權在國家的山林和河流，如今向老百姓開放了。

記者認為，這是一個惠及民生的舉措。現在，百姓除了下田耕作，還可以上山打獵和開採礦產，也可以下海捕魚曬鹽，貼補家用。許多百姓的工作得到解決，生活也因此富裕起來。

今上連續多年免田租、減輕徭役，現在又鼓勵生產，大漢百姓的生活水平由此得到了很大程度的提升。一個繁華盛世就要到來了！

（選自《大漢商報》）

外交新聞

外交家陸賈出使南越

陸賈是我朝傑出的外交家，也是一名優秀的演說家。他兩次出使南越國（疆域包括今天廣東、廣西兩省大部分，福建、湖南、貴州、雲南部分地區和越南的北部），憑着伶牙俐齒說降南越王，不但使百姓避免了戰亂之苦，還促進了中原人民和南方少數民族的交流和友誼，為大漢立下了巨大功勞。

初次出使

漢朝建立不久，南越王趙佗（音同駝）起兵作亂。趙佗原本是河北

真定（今河北正定）人，秦始皇統一六國之後，他被派到嶺南駐守，秦始皇死後，他趁着秦末中原大亂，自立為南越武王，據險防守。

漢高祖劉邦不想使百姓再次苦於戰亂，便派遣陸賈到南越去談判。

趙佗在他的王宮裏召見了陸賈。陸賈進門時，趙佗故意大大咧咧地斜靠在王座上，兩腿大大地分開，微微地閉着眼睛，仿佛是在睡覺。

陸賈也不行禮，劈頭便對着趙佗罵道：「你本來是中原人，祖先的墳墓都還在真定。現在你竟然昧了良心，丟下了上國衣冠，還想拿小小的南越與大漢天子為敵，我看你啊，要大禍臨頭了！」他越罵越有勁，「你想想看，皇帝在五年之間，鏟平天下，完全是老天幫忙。你小子自不量力，還自稱為南越王，皇帝一火起來，一定派人挖你的祖墳，殺盡你的親族好友，再派十萬大軍鎮壓南越，看你怎麼辦？」

陸賈說得大義凜然，絲毫無畏於趙佗身旁那些殺氣騰騰的侍衛。而趙佗呢，也被陸賈的聲勢嚇住了，再聽陸賈的話也不無道理，於是乖乖地接受了劉邦封給他的「南越王」印信，向漢朝稱臣納貢了。

再次出使

劉邦死後，太后專權，視嶺南一帶為蠻夷之地。趙佗不滿，再次自立為南越帝。

脾氣溫和的劉恆即位後，想要和南方少數民族搞好關係，就重修了趙佗祖先在真定的墓地，向南越提供了大量農具和牲畜。然後，又派遣大漢的「名嘴」陸賈再次出使南越。

陸賈時隔十八年之後，第二次來到南越。趙佗聽說老朋友來了，親自跑到王宮大門口迎接陸賈。二人見面自然少不了一番寒暄，之後，陸賈向趙佗表達了今上劉恆想要與之和好的誠意。

今上前期安撫工作做得好，陸賈又擁有一張和善的熟面孔，趙佗被打動了，於是第二次去除帝號，重新歸順了大漢。

一盤棋引發的血案

各位看官，歡迎來到開心茶館。這次說書人給你們講的故事是：由一盤棋引發的血案。

台下那位書生問了，下棋雖然有輸有贏，被吃掉的都是棋子，怎麼會牽扯到人命呢？您有所不知，有的人好勝心強，一盤棋都輸不起，就把人給打死啦！這傷人性命的就是我們的太子劉啟，被他用棋盤打死的人是吳王劉濞的兒子劉賢。或許劉啟本來沒想殺人，可是他不小心用力過頭，劉賢傷的又是腦袋，結果就釀成了悲劇。宮中醫術高明的太醫也沒能挽回劉賢的性命。

被打死的人身份不一般，劉賢的父親劉濞可不是好惹的，他是高祖劉邦二哥的兒子。劉濞勢力強大，在自己的封地很有威信。兒子惹了禍，老爸劉恆（即文帝）得出來背黑鍋，不過也不能讓自己的兒子殺人償命啊。怎麼辦吶？劉恆趕緊降下身份，又是給劉濞送禮，又是表示歉意，還允許劉濞從此不用來上朝了。

可是劉濞不買賬，他恨透了劉啟，對劉恆的歉意也不屑一顧。劉啟即位後，劉濞便集結其他諸侯王，開始蠢蠢欲動。恐怕一盤棋引發的血案，很快就要變成動亂啦！

平定七國之亂

「智囊」晁錯

地方諸侯王的權勢太大，威脅到了大漢王朝的穩定。皇帝，吳國的封地是不是該削減啦？@ 皇帝劉啟

☐ 皇帝劉啟：愛卿此話有理！我早就瞅吳王不順眼啦！　　　刪除｜回覆

☐ 吳王劉濞：哼哼，我可不是好欺負的，大家走着瞧！　　　刪除｜回覆

吳王劉濞

兄弟們，晁錯鼓動皇帝削減諸侯王的封地，咱們能任他欺負嗎？快集合軍隊反抗吧，口號：「誅晁錯，清君側！」目標：長安！@ 楚王劉戊　@ 趙王劉遂　@ 濟南王劉辟光　@ 淄川王劉賢　@ 膠西王劉卬　@ 膠東王劉雄渠

☐ 皇帝劉啟：別衝動啊！衝動是魔鬼！

☐ 匈奴人：劉濞，我們匈奴人也來支持你造反！話說為什麼咱們

二十萬大軍被你吹牛說成是五十萬呢？　　　刪除｜回覆

☐ 楚王劉戊：你這個匈奴傻瓜，泄露軍情啦！　　　刪除｜回覆

皇帝劉啟

各位大爺大叔，我把晁錯殺了，你們快退兵吧！@ 吳王劉濞　@ 楚王劉戊　@ 趙王劉遂　@ 濟南王劉辟光　@ 淄川王劉賢　@ 膠西王劉卬　@ 膠東王劉雄渠

☐ 吳王劉濞：絕不退兵！你殺了我兒子，現在又要削減我們的封地，我要
報仇！
刪除｜回覆

☐ 大將周亞夫：皇帝別怕，我和竇嬰將軍定會打退叛亂的七國諸侯王。
刪除｜回覆

大將周亞夫

皇帝，我不負重託，用了三個月打敗了叛軍。吳王劉濞被
殺，其餘六個諸侯王都自殺了，諸侯王的地盤都歸您啦！
@ 皇帝劉啟

☐ 皇帝劉啟：打得好！唉，早知道能打敗他們，我就不殺晁錯了。
刪除｜回覆

☐ XXX：鄙視劉啟！
刪除｜回覆

名人訪談

敢於勸阻吳王的人（特約嘉賓：枚乘）

七國之亂前，他曾上書諫阻吳王起兵；七國叛亂中，他又上書勸諫
吳王罷兵。叛亂平定後，他因此而揚名天下。他就是我們今天的特約嘉
賓——著名的辭賦家枚乘。大家歡迎！

記者

枚乘先生您好！聽說您在七國之亂之前，
曾經在吳王那裏工作，是這樣嗎？

枚乘

　　確實是這樣。吳王讓我做郎中，屬於文職。

記者

　　您對吳王這個人有什麼看法呢？

枚乘

　　吳王劉濞還算是一個很有本領的人。他喜歡招攬人才，我也是因此才投奔他的。吳王還招了許多流浪的人到吳國來做工，開採銅礦鑄銅錢、在濱海地區煮海鹽，吳地因此很富足，不用向百姓徵收賦稅。可惜他一直存有反叛之心，想要對抗漢廷皇帝，而這無疑是蚍蜉撼大樹。我沒能勸阻得了他，也感到很遺憾。

記者

　　進諫失敗後，您又是如何做的？

枚乘

　　我不想跟着吳王成為逆臣，於是離開吳國，去了梁王劉武那裏。梁王有空就找我聊聊文學，談談辭賦。

記者

　　您是我們大漢的著名辭賦家。您能介紹一篇自己最滿意的作品給讀者嗎？

枚乘

　　我最滿意的作品是《七發》。在這篇賦中，我假託楚國太子生病了，一位吳國來的客人前去探望，用七種方法來啟發太子，從而幫助太子治癒疾病。

　　這篇賦我是以主客問答形式寫的，場面和景物描寫很華麗，體現了王侯貴族們生活的奢侈，也是為了警示讀賦的人，奢侈腐敗的生活會讓人變得萎靡，影響身體健康。最後我指出，人應該親近精妙的學說，明辨是非，精神上的充實很重要。

《七發》確實是一篇難得的好作品，希望大家都能去讀一讀，相信一定能從中受益不少。

人物風采　文壇新秀賈誼

姓名	賈誼
性別	男
出生年	高祖七年（前 200 年）
出生地	洛陽（今河南洛陽市東）
別名	賈太傅、賈長沙、賈生
職業	政論家、文學家

以上是大漢的文壇新秀 —— 才子賈誼的基本資料。賈誼年紀不大，寫的辭賦可是非常有名。他的作品情感豐富，描寫生動，代表作有《弔屈原賦》《鵩（音同服）鳥賦》《虛賦》等。

賈誼的政論文章寫得也很出色，語句鏗鏘有力，邏輯嚴密，很有說服力，代表作有《過秦論》《陳政事疏》等。這些文章不僅文采好，而且還有實用價值。有一些觀點還被皇帝採納了，比如發展農業生產，多多儲存糧食，遇到饑荒開倉賑災……

賈誼不但文章寫得好，而且心繫百姓生活，是個難得的好青年啊！

（選自《大漢新青年報》）

擁有「金山」的人餓死了

鄧通出生於一個小康家庭。他小時候喜歡去河裏捉魚、玩耍，練就了一身好水性。

年輕的時候，他來到京城，做了皇宮裏掌管行船的黃頭郎。

有一天，皇帝做了一個夢：夢中的貴人將衣帶在背後繫了個結。皇帝根據這個打扮找到了鄧通，然後開始寵信他，經常給他賞賜。

有人給鄧通算命，說他以後會餓死。皇帝為了不讓這個預言實現，就賞賜給鄧通一座銅山，允許他鑄錢。鄧家造的錢不摻假、分量足，老百姓都願意用。

銅山

鄧通幫我吸膿血了，你也幫我吸吧！

好髒啊，下不了口……

皇帝劉恆生病長了毒瘡，鄧通給他吸吮膿血。太子劉啟去給父皇請安時，皇帝讓他也這樣做，劉啟嫌髒面有難色。後來劉啟聽說鄧通為文帝吸吮毒瘡的事，不禁又慚愧又嫉恨。

文帝劉恆死後，今上劉啟就把鄧通的官職免了，家產沒收了。最後鄧通窮困潦倒地死去了。由巨富之家變得一文不名，這都是坐在龍椅上那個人一個念頭所決定的啊！

劉恆父子人氣大比拼

　　大漢百姓的生活水平得到了提高，劉恆父子受到了大家的普遍讚揚。最近民間對於劉恆父子誰更出色產生了爭論。到底誰的人氣更高呢？本報記者通過走訪、調查問卷等形式，得出以下結論：

　　根據問卷調查，大家認為文帝劉恆善良仁慈，在政治上善於拉攏臣子，重視農業發展，廢除了一些嚴酷的刑罰；而劉啟為人氣量小一點兒，曾逼死了立下汗馬功勞的周亞夫，不過他在位時平定了七國之亂，也算為大漢的穩定和進一步發展做出了貢獻。綜合來看，還是文帝劉恆的人氣指數更高一些。

	劉恆	劉啟
性格人品	★★★★★	★★★
政治謀略	★★★★	★★★
軍事成就	★★★	★★★★
人氣指數	★★★★★	★★★★

黃老「無為」與文景之治

　　從高祖到（景帝）劉啟，都是用「黃老思想」來治理國家的。什麼叫「黃老思想」呢？有的朋友會疑惑，「黃老」是一位姓黃的老人嗎？非

也！「黃」是指傳說中的黃帝，「老」是指道家創始人老子。

傳說黃帝是遠古時期一個很有能力的首領，深受百姓愛戴。因為大家都很喜歡黃帝，所以有人編故事說黃帝後來成仙了。

老子，也叫老聃、李耳，是春秋末年的一位哲學家。他認為統治者做事要順應規律，做自己應該做的事，不做多餘的事。

大漢剛剛建立，人口散亡，經濟蕭條，社會動盪不安，漢初的帝王們覺得應該用溫和的方法來治理國家，於是就採用了黃老思想：「無為而治」「與民休息」。一方面用法律來規範人們的行為，一方面努力減輕百姓的負擔，鼓勵發展農業，盡量不和周邊國家發生戰爭。

經過幾十年的積累，大漢王朝漸漸富起來了。到了文帝劉恆、（景帝）劉啟時，國家糧倉裏滿是糧食，錢庫裏的錢多得數不過來。（後世稱這一時期為「文景之治」。）

時政辭典　什麼是漢賦

枚乘的《七發》、賈誼的《弔屈原賦》等都屬於漢賦。在大漢，最受歡迎的文體就是漢賦。它到底是什麼形式呢？我們先來看看下面一段材料：

鸞鳳伏竄兮，鴟梟翱翔。闒茸尊顯兮，讒諛得志。賢聖逆曳兮，方正倒植。世謂隨、夷溷兮，謂跖、蹻為廉；莫邪為鈍兮，鉛刀為銛。

這是賈誼《弔屈原賦》中的一小段，怎麼樣，你看懂了幾個字？很多生僻字吧？這就是漢賦的一個特點：經常使用生僻字。為什麼會這樣

呢？大概是文人們為了顯示自己有學問，與眾不同吧！這樣一來，能讀懂漢賦的人，可都是不一般的文人了。

漢賦的內容大多是描寫帝王打獵的場景，或者描寫宏偉的建築物；它的語言都比較華麗，為了讀起來朗朗上口，文人們經常採用排比的句式來寫作。

漢賦的講究有很多，要寫好可真不容易！

名人博客　誰娶我阿嬌，誰就得天下

個人資料

姓名：	陳阿嬌
性別：	女
愛好：	當皇后
民族：	漢
身份：	館陶公主的女兒

正文

自我介紹

我是陳阿嬌，我的母親館陶公主是皇帝的同母姐姐。從小我母親就跟我說，我長得這麼漂亮，身份又高貴，就是個當皇后的命。我覺得母親說得很對，現在的太子是劉榮，我會嫁給他嗎？

☐ 栗姬：你母親已經和我談過了，想把你嫁給我的兒子劉榮，可惜我不同意。劉榮是皇帝的長子，做太子天經地義，不用娶你也能繼承皇位。

回覆

☐ 館陶公主：沒關係，女兒。栗姬敢不給我面子，我就讓劉榮當不成太子！

回覆

我會嫁給一個小不點兒嗎

母親說了，劉榮和他娘栗姬不識抬舉，我們要努力在皇帝面前說他們壞話，讓劉榮當不成太子。

今天在後宮玩兒的時候，我看見王娡抱着她的兒子劉徹在賞花。聽說劉徹的小名叫「彘兒」，也就是小豬的意思。小孩兒長得挺精神，母親上前逗弄他說：「彘兒長大了要娶什麼樣的媳婦啊？」他看了看周圍的人，指着我說：「如果能娶阿嬌姐姐做媳婦，我就給她用金子造屋子！」（成語「金屋藏嬌」由此而來。）母親聽完哈哈大笑。回到家之後，母親對我說，她打算把我嫁給劉徹。我很驚訝，我比劉徹大了好幾歲呢，我會嫁給這麼一個小不點兒嗎？

☐ 王娡：年齡不是問題，只要你母親能支持我兒子做太子就行！

回覆

劉徹當太子了

在母親的挑撥離間之下，皇帝越來越不喜歡劉榮了。終於有一天，皇帝廢掉了劉榮的太子之位，改立劉徹當太子。劉榮自殺了，支持他的大臣周亞夫也被皇帝找理由給關到監獄裏去了。

聽說皇帝的弟弟、我的小舅梁王劉武深受竇太后的寵愛，他也想當太子。母親說，他這是癡心妄想，皇帝只會把皇位傳給自己的兒子。看來，我肯定是未來的皇后啦！劉徹你這個小不點兒快快長大吧！

評論

☐ 館陶公主：乖女兒，劉徹是依靠我們才當上太子的。等他坐上皇位，什麼都得聽我們的！　　　　　　　　　　　　　回覆

☐ 劉徹：阿嬌姐姐，你不要因為比我大就老是欺負我！小心我不讓你當皇后哦！　　　　　　　　　　　　　　　　回覆

1. 「文景之治」中的景帝叫什麼名字？

   A. 劉恆　　B. 劉啟　　C. 劉徹　　D. 劉武

2. 賈誼的代表作是下面哪個？

   A.《七發》　　B.《莊子》

   C.《柳賦》　　D.《弔屈原賦》

3. 淳于緹縈上書皇帝劉恆，使其下令取消的刑罰是？

   A. 肉刑　　B. 連坐　　C. 杖刑　　D. 流刑

4. 平定七國之亂的是哪位將軍？

   A. 韓信　　B. 周勃　　C. 周亞夫　　D. 李廣

答案：1.B 2.D 3.A 4.C

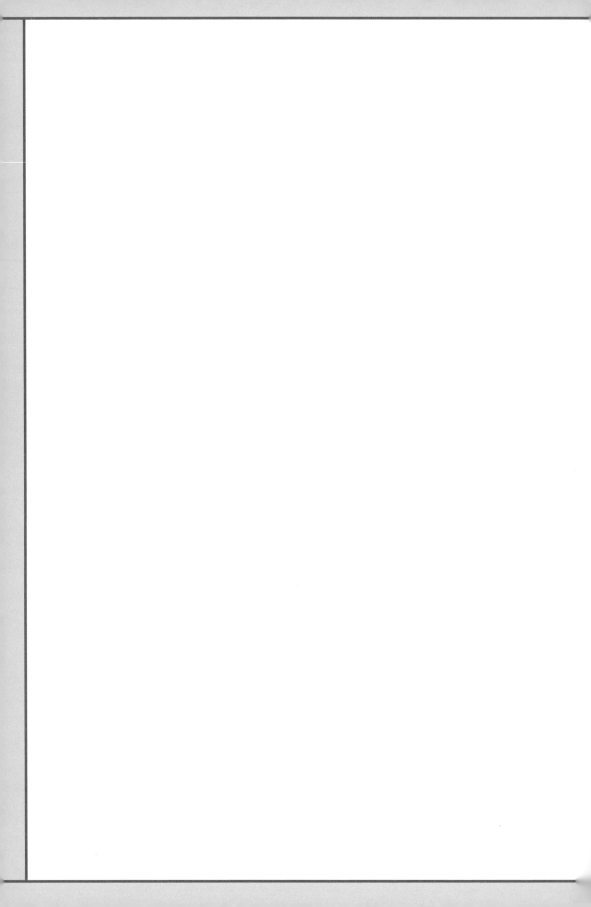

3

前一四一年～前一二六年

劉徹雄風（上）

◎雄才大略的劉徹即位了。這位少年天子是如何將權力獨攬一身的？

◎面對匈奴的不斷挑釁，大漢是繼續和親，還是強悍宣戰，用武力征服他們呢？

◎你知道「絲綢之路」嗎？張騫前往西域的路上遇到了什麼困難？

◎這是一個人才輩出的時代：外交人才有張騫，軍事天才有衛青、霍去病，儒學大家有董仲舒，怪才有東方朔，辭賦家有司馬相如……他們會演繹出怎樣的精彩呢？

◎「劉徹雄風」你還沒看夠？別擔心，下期精彩繼續。

少年天子劉徹

　　後元三年（前 141 年）正月，景帝駕崩，年僅十六歲的少年劉徹即
位，成為皇帝。

　　十六歲，百姓家同樣年齡的兒郎才剛剛成家立業，不知道少年天子
劉徹會不會感到有些壓力呢？傳說劉徹的母親王氏當年懷他的時候，曾
夢到一輪紅日鑽進自己的肚子裏。這或許預示着劉徹是一位了不得的人
物。不過，夢境是真是假，只有當事人王氏知道了。

　　劉徹即位後，他的奶奶竇氏成為太皇太后，母親王氏成為皇太后，
母親的同母異父弟弟田蚡、田勝都被封侯……面對王氏與竇氏這兩位重
量級的人物，年紀輕輕的劉徹能否與她們抗衡，掌控帝國的大權呢？他
能成為百姓擁戴的君主嗎？本報將跟蹤採訪和報道，請大家繼續關注。

（本報記者　董仲舒）

皇帝貪玩，百姓拆遷

　　劉徹是個愛玩的皇帝，沒事兒喜歡帶一群侍衛還有富家子弟微服出
行。劉徹常常與玩伴們約好，晚上在大殿門口集合，騎馬出發，第二天
早上就能到達終南山下。

　　皇帝不想讓百姓們知道他的貪玩，於是一般都假稱自己是平陽侯曹
壽（劉徹的姐夫）。他帶着一群年輕人，像出了籠子的野獸，到處捕獵。

玩伴們有的射到了狐狸，有的獵到了野豬，還有的十分勇猛，敢徒手與大熊搏鬥。劉徹很欣賞玩伴們的勇猛，而對他們騎馬踐踏百姓田地的事情卻睜一隻眼閉一隻眼。

幾次折騰下來，終南山下的老百姓都憤怒了。他們見到來打獵的少年們就破口大罵，並且還向當地的縣令告狀。剛好縣令是個鐵面無私的人，一聽有人踐踏農田，還不止一次，這還得了？立即派屬下去扣留打獵的人。劉徹的玩伴急忙拿出皇帝的御用物品證明自己的身份。縣令一看是皇帝的人，也很無奈，只好放走了他們。

雖然被抓丟了面子，但劉徹依然想出去玩兒，還要玩得方便，於是打算修建皇家園林上林苑。他讓幾個數學好的臣子，算出自己常去玩的地方，有多少農田，價值幾何。然後在別處規劃出荒地，讓上林苑規劃區的百姓們都搬到那裏去住。史上最大的拆遷工程開始了。

為了皇帝一己之私而勞動百姓，筆者認為是不妥當的，但是皇帝雖然認為我的勸說有道理，給了我不少賞賜，卻還是下令修建上林苑。大概還是玩心佔了上風吧！

（特約記者　東方朔）

張騫出使西域

本報訊　近期有人向皇帝稟報，說大月氏國的百姓非常仇視匈奴人。原因是匈奴曾經打敗過他們，還拿他們國王的頭骨做了盛酒的杯子。

大漢與匈奴一直有紛爭，今上為此頭痛已久。面對這次機會，皇帝公開招募使者，想盡快和月氏人取得聯絡，建立同盟一起對付匈奴。

年輕的張騫勇敢地站出來應徵，於是皇帝在建元三年（前 138 年）派他出使西域。張騫和做向導的匈奴人甘父（也叫堂邑父），以及一百多名勇士一起出發了。讓我們祝他們好運吧！

（本報記者　司馬談）

張騫日記　我的西域之行

建元三年（前 138 年）六月十二日　晴

拜別今上後，我背上鄉親們給我準備的柑橘和鍋盔大餅，帶着甘父和勇士們騎馬出發了。

聽說西域是個可怕的地方。有人說它廣闊神秘，有人說它充滿危險，還有人說那裏有很多妖魔鬼怪。我心裏也有些緊張，但是，為了大漢能夠結交盟友，我願意去冒險闖一闖！

走了兩個多月，終於到了西域。這裏風沙很大，我們經常被迷了眼，只好從行李中找出衣服將臉蒙住，這才稍微擋掉一些沙土。

這裏看不到飛鳥，也看不見走獸，連草木都少見。幸好聽了甘父的話，我們儲存了好些水，不然就要渴死在這個人跡罕至的地方了。

甘父讓我們小心，因為這裏也是匈奴人活動的地盤。

沒想到路上碰到了匈奴人。雖然經過一番抵抗，但是寡不敵眾，我們還是被匈奴抓起來了！聽說他們要押我們去見單于，天哪，會有什麼樣的命運等着我們呢？我只有默默地歎息着。

不知為何，我們被關起來了。匈奴單于說，假如我能夠接受黥（音同擎）面這種刑罰（在臉上刻字後塗上墨，黥面的人便成為奴隸），就能免除死罪。我緊緊握着皇帝交付的漢節（使者所攜帶的國家象徵物），寧死也不接受這種屈辱。

在我以為自己短暫的一生就要結束時，匈奴人卻改變了主意，把我們流放到偏遠的西邊去放羊、牧馬，而且一直派人監管我們。看來我們是永遠失去自由了。

或許是匈奴人見我已在此娶妻生子，就放鬆了戒備。在一個漆黑的夜晚，我終於找到機會，同甘父和幾個同伴一起逃了出去。

因為走得匆忙，沒有準備糧食和水，不久之後我們就餓得頭暈眼花。幸好甘父是個好射手，能射獵到一些動物。我們喝血、食肉，感覺就像餓極了的野獸。

奔波多日，我們越過了戈壁沙漠，翻過了蔥嶺（今帕米爾高原），到了一個比較繁華的地方，聽說叫大宛（約在今費爾干納盆地）。大宛國王很熱情地招待了我們，送給我們不少禮物，還派人護送我們到了一個叫康居（約在今巴爾喀什湖和鹹海之間）的地方。在康居人的幫助下，我們終於到達了出使目的地 —— 大月氏。

我對大月氏人說出了大漢想結盟對抗匈奴的願望。可惜離我剛出使時已經過去了十年，情況有變，大月氏人已經征服了大夏（今阿富汗北部）。這裏水土肥沃，是安居的好地方，他們已經不想再打仗了。大月氏對大漢表示了友好，贈送了許多禮品讓我帶回去。

我在大月氏逗留了一年多，考察了當地和周邊國家的一些情況，準備回國了。

匈奴人真是陰魂不散！回國的路上，繞路走的我們竟然又被抓了。這一次真不知道什麼時候能回去了。

有人群的地方就有鬥爭。匈奴人為了爭權奪利發生了內戰。天助我也！我趁亂帶着妻子和甘父逃了出去。在見到長安城門的那一刻，我伏地痛哭。去西域一波三折，九死一生。同行一百多個兄弟，只有我和甘父回來了。

因為沒有完成聯合大月氏夾攻匈奴的外交使命，還被匈奴人關押了那麼久，見到皇帝，我又激動又慚愧。

我向皇帝彙報了西域各國的情況，把各地的自然景觀、人文地理、龜（音同求）茲的樂器、焉耆的葡萄、大宛的汗血馬……講得繪聲繪色。皇帝聽得眼睛閃閃發亮，都恨不得也親自去一趟。

皇帝很高興，給我和甘父封了官職。我被封為太中大夫，後來又以校尉的身份隨大將軍衛青伐匈奴有功，被封為博望侯。

雖然我在西域遭受了不少苦難，但是收獲也不小。我先回家歇一歇，如果有機會，我一定要再去西域看看！

（選自《博望侯日記》）

太皇太后病逝

太皇太后竇漪房因病醫治無效，於建元六年（前135年）五月二十六日在長安長樂宮病逝，享年七十一歲。遵從太皇太后的遺詔，將她與文帝合葬霸陵，她生前的財物都留給了館陶公主劉嫖（竇漪房的女兒，景帝劉啟的姐姐，也是今上劉徹的姑母兼岳母）。

太皇太后在病重期間和逝世後，以今上劉徹、太后王氏、館陶公主劉嫖為代表的親屬們以不同方式表達了關懷慰問和深切哀悼。

竇漪房一生擁護「黃老思想」，倡導「無為而治」，為人勤儉節約，為大漢的強盛付出了不少心血。願她一路走好！

特別報道 「老子」不再是天下第一

罷黜百家，獨尊儒術

太皇太后竇氏去世之後，二十出頭的今上終於可以大展拳腳了。元光元年（前134年），今上召開了一次大會，召集各地的賢良能士到都城長安，親自向他們提問。

皇帝：筆墨簡硯準備好了嗎？飲水準備好了嗎？現在請各位才子就座，我們的策試開始啦！首先，我要問你們一個問題：三皇五帝令人崇敬，然而為什麼效法他們的後人，卻不一定都能把國家治理好呢？是有天意存在嗎？請各位才子把你們的想法告訴我。

董仲舒：皇帝，我認為天意是存在的，災禍是上天給帝王們的警示。

皇帝：哦？那你說我應該怎樣治理國家呢？

董仲舒：現在我們國富民強，應該建立一個「大一統」的社會。皇帝要成就「大一統」帝國的功業，首先要使人民思想統一。如此社會才能安定，政權才能鞏固。

皇帝：嗯，言之有理。

董仲舒：我建議皇帝以儒家為正統學說，廢除其他各家學說。我們要教化人民，對待百姓要仁義，這樣國家才能和諧。

皇帝：你就是我要找的賢良之才啊！傳令下去：大力推行儒學教育，在長安舉辦太學（我國古代最高的學府），以儒家的「五經」為主要教材，不學習其他各家的學說。

由此看來，一直受前幾代統治者崇奉的道家「黃老思想」也要被「罷黜」了，孔子的儒家思想將取代「老子」學說，成為「主流思想」。

怪才東方朔的自薦信

尊敬的皇帝陛下：

您好，我是東方朔。以前您或許不知道有我這樣一個人，不過沒關係，請您耐心看完這封信，相信就會對我有所了解。

為了響應您對天下人才的召集，我特意來到都城長安。我姓東方，名朔，年幼時失去父母，是哥哥和嫂子把我養大的。我十三歲時開始閱讀經典，三年間掌握了足夠的文史知識，辭賦寫得很好；十五歲的時候學擊劍，身體強壯；十六歲的時候學習《詩經》和《尚書》，熟讀記誦二十二萬字；十九歲的時候學孫子（孫武）和吳子（吳起）的兵法，研究了作戰陣型和用兵進退之法，也熟讀了二十二萬字……皇帝，我算得上是飽學之士了吧？

我今年二十二歲了（正是建功立業的好年紀），身高九尺三寸（2米左右，站起身來威風凜凜）。我的眼睛像珍珠一樣明亮，牙齒像編成串的貝殼一樣潔白整齊。我像孟賁一樣勇敢，慶忌一樣敏捷，鮑叔牙一樣廉潔，尾生一樣守信用。像我這樣有才能的人，足夠做您的大臣了。請您錄用我吧！

最後再次向您叩首，期待您的回音。

附：隨書附上三千片竹簡，都是我寫的文章，請您過目。

來自平原厭次縣的東方朔

元光三年（前 132 年）六月初九

今上批覆

　　東方朔，雖然你挺能自誇，毫不謙虛，不過朕覺得你還算是個人才。你的三千片竹簡好重呵！累得朕胳膊酸痛，兩個月才看完。鑒於你把朕累着了，先去公車府待詔吧。薪水有點少，可別大手大腳亂花錢。朕觀察你一段時間之後再決定是否錄用。

　　欽此！

編後注 💬 孟賁是戰國時的勇士，力大無比；慶忌是春秋時吳國人，能夠徒手捕獲麋鹿和犀牛；鮑叔牙是春秋時齊國的大夫，當初做買賣時經常接濟好友管仲；尾生是古時候一個特別守信用的人，曾和一個姑娘相約在橋下見面，天下大雨，姑娘沒去，他依然等待，最後被漲起來的大水淹死。

劉徹尋姐

　　長安城裏八卦多，說出來大家樂一樂。我是長安城裏的普通百姓，有個在漢宮做侍女的親戚，聽她透露了一個有趣的八卦。

　　話說皇帝劉徹的母親王娡，出身不一般：她的母親臧兒是當年楚霸王項羽封的燕王的孫女。臧兒後來流落到民間嫁給了平民百姓。她先是嫁給了一戶姓王的人家，丈夫死後又改嫁到一戶姓田的人家。

　　王娡是臧兒的大女兒，本來她已經嫁給了金家的兒子金王孫，生了個女兒叫金俗。可王娡的母親去算卦時聽說自己的兩個女兒都將貴不可言，於是強迫王娡和金王孫離婚，把她送進了太子宮，後來又把王娡的妹妹也送入宮中。

　　王娡很得景帝寵愛，生了劉徹，母憑子貴，果然成了皇后，如今又成了皇太后。皇帝不知道從誰那裏聽說了母親當年的那些事兒，於是偷偷去金家找自己的姐姐。金俗一聽皇帝來了，嚇得鑽進了牀底下。皇帝哭着向她喊：「大姐，你怎麼藏這麼深啊！」

　　皇帝找到了同母異父的大姐，得意揚揚地帶她來見太后王娡。太后聽說了事情的原委，抱着女兒大哭了起來，不斷說：「孩兒你受苦了啊！」隨後一家人坐下好好吃了一頓，喝酒慶賀。皇帝賞賜給這位大姐很多金銀、奴婢和田產，還讓自己另兩位姐姐來見她。金俗可謂是一步登天了啊！

（長安王大嘴口述　本報記者艾八卦記錄）

高祖、文帝、景帝幾代領導人，對待匈奴的態度大多是以和親來安撫。到了今上的時候，國庫充盈，朝廷已經有力量和匈奴打仗了，於是皇帝計劃反擊匈奴。

匈奴反覆無常，經常騷擾邊境。和親只能暫時解決問題，真想痛痛快快地打一仗！

皇帝，臣請令出戰！

元光二年（前133年），雁門馬邑（今山西朔縣）有個叫聶翁壹的大地主建議王恢用財物誘惑匈奴軍隊到邊境，然後設下伏兵消滅他們。王恢把這個計謀告訴給皇帝，皇帝同意了。於是王恢和李廣等幾位將領率領三十萬大軍埋伏在馬邑周圍。

你說匈奴人會來嗎？

聽說馬邑城的聶翁壹已經裝作奸細去騙匈奴了。匈奴人那麼貪婪，一定會來的。

匈奴單于率領十萬騎兵到了離馬邑有百餘里的地方。他發現到處都是牛羊，卻沒人看管，這種現象很可疑。單于命人抓到一個漢軍的小官。那個小官膽小如鼠，把王恢等將領的佈局全都告訴了匈奴人，於是匈奴趕緊退兵了。

我全都交代，這是一個騙局！

我運氣真好，是上天在幫助我得知消息吧！

幾位將領埋伏了幾天也沒看到一個匈奴兵。一打聽，原來匈奴人撤軍了！王恢很鬱悶，灰溜溜地領着大部隊回來了。皇帝很生氣，讓人把王恢關到監獄。王恢見皇帝不原諒自己，只好自殺謝罪。

匈奴人跑得好快，我們追不上他們！

這是一場賽跑比賽嗎？

主張和親被砍頭

匈奴人屢次侵犯大漢邊境，還厚顏無恥地派出使者想要和大漢和親。皇帝召集大臣商議，一個叫狄山的博士（學術上專通一經或精通一藝，從事教授生徒的官職）站出來搖頭晃腦地說：「還是和親好啊，打打殺殺多傷和氣，我們要用仁義治理天下。」

主戰派的皇帝一聽氣壞了。在他印象裏，狄山是個木頭木腦的書呆子。皇帝問狄山：「假如讓你擔任一個郡的太守，你能守住，不讓匈奴進犯嗎？」

狄山實話實說：「不能。」

皇帝又問：「守一個縣呢？」

狄山有點臉紅地說：「也不能。」

「那守一個關隘呢？」皇帝生氣地問。

狄山一想，自己不能表現得太無能了，於是硬着頭皮說：「可以。」

於是皇帝就派他去守一個地方的關隘去了。

不到一個月，消息傳來，匈奴攻下了狄山守的關隘，並砍了狄山的腦袋。大臣們一聽到這個消息，在鄙視狄山之餘，也個個兔死狐悲，誰也不敢再提和親的事情了。

（選自《長安雜聞報》）

劉徹小時候曾許諾，如果能娶到表姐陳阿嬌做妻子，就會造一個金屋子給她。劉徹繼位後，真的將陳阿嬌立為了皇后。

不過，這位陳皇后是個脾氣大、心眼小的人，經常和劉徹吵架。劉徹一開始不敢惹這位皇后，因為她母親是大名鼎鼎的扶持自己坐上皇位的館陶公主。可他們一直沒有孩子，劉徹着急了。作為一個皇帝，沒有後代是件很嚴重的事情。

劉徹的姐姐平陽公主也暗暗為弟弟着急。趁着一次開宴會的機會，平陽公主展示自己挑選的良家美人們，劉徹都不滿意，之後卻看上了歌女裏的衛子夫。衛子夫進宮後，不得召見，後來請求和被遣散的宮女一起出宮，劉徹才憐愛她，恢復了寵幸。

陳皇后知道後，很生氣，悄悄派人去抓衛子夫的弟弟衛青，加以報復。幸好衛青被自己的好朋友公孫敖救了出來。

知道不能再加害衛青了，陳皇后就去找歪門邪道的巫師，畫小人、做木偶，詛咒衛子夫。沒想到事情敗露，劉徹藉機廢掉了陳皇后，將她關在長門宮裏。

據說陳皇后不甘心被廢，花了千金，請求漢賦大家司馬相如給自己寫了一篇《長門賦》，表達自己的哀怨，想以此喚回劉徹的感情，可是沒有成功。

後來，館陶公主的家族漸漸衰落，相反地，衛家卻越發顯赫了。衛子夫先後生了三女一子，然後被封為皇后。

（選自《漢宮秘聞雜誌》）

我的丈夫是個大才子

我叫卓文君，年輕又貌美，而且還是遠近聞名的大才女。父親是個大富商，家境殷實。出嫁後沒多久，丈夫就去世了，我被迫回到娘家去住。

有一天，一個叫司馬相如的書生到我們家來赴宴。他在筵席上彈奏起一支叫《鳳求凰》的曲子，表達了對我的仰慕之情。而我也為他的才華所傾倒，覺得非他不嫁。父親不同意我嫁給這個窮書生，於是我們就私奔了。

沒有嫁妝，也沒有任何積蓄，我們剛結婚的時候非常窮，勉強開了個小酒鋪維持生計。我賣酒，司馬相如繫着圍裙打雜。現在回憶起來，那段日子雖然過得貧苦，卻甜美、幸福。

後來，我們的生活逐漸有了起色。司馬相如是個大才子，他的辭賦寫得非常好，《子虛賦》和《上林賦》展現了大漢盛世王朝的氣象。皇帝看到了相如寫的賦，讚歎道：「寫得多好呀！可惜我沒有緣分跟這賦的作者生活在同一個時代！」當得知相如並非古人時，皇帝特別高興，立即下令召見，封他做了大官。

相如的小名叫「犬子」，這是他父母當初為了兒子好養活才起的名字。在相如功成名就之後，不少人都覺得這個小名好，於是也紛紛給自家小孩兒起名叫「犬子」。在好笑之餘，我也為自己的丈夫而感到驕傲。

（選自《文君自傳》）

【天才檔案】

生卒	約前 157 年—前 106 年
籍貫	河東平陽（今山西臨汾市西南）
出身	私生子、奴隸
性格	低調樸實、仁善退讓、尊賢愛士
戰功	收河南，置朔方，破寘顏，襲匈奴王庭，共斬獲首虜五萬餘級，牛馬羊畜產千百萬頭。
座右銘	未有勤勞何敢受封，為人臣者不擅專誅。

　　衛青的母親是平陽公主家的女僕，衛青生下來後，母親覺得供養孩子非常艱苦，就把他送到了親生父親鄭季的家裏。

　　但鄭家人卻看不起衛青這個私生子，不僅隨意苛責他，每天還讓他到山上去放羊。在這樣的環境下生活，衛青受盡了苦難，也磨煉了意志。

　　長大後，衛青不願再受鄭家的奴役，便回到了母親身邊。平陽公主看到衛青已成長為一個相貌堂堂的男子漢，非常喜歡，就讓他做了自己的騎奴。每當公主出行，衛青即騎馬相隨。

　　後來，衛青的姐姐衛子夫被漢武帝選入宮中，衛青也被召到宮裏當差。從此，他的命運開始轉變。

　　元光六年（前 129 年），匈奴人又一次進犯大漢邊境，燒殺搶掠。武帝很生氣，派出老將李廣，帶着三位年輕的將軍 —— 衛青、公孫敖、公孫賀，兵分四路，各率萬餘軍馬出擊匈奴。

　　從此，衛青開始了他的戎馬生涯。

龍城大捷

李廣將軍遇到了匈奴的主力部隊。由於寡不敵眾，部下損失大半，連他自己也被敵人給俘虜了。幸好李廣騎術好、箭術好，伺機逃了回來。公孫敖和匈奴軍隊遭遇後，損失了將近七千人馬；公孫賀連個匈奴的影子也沒看見，無功而返。

反而是第一次出塞領兵的「騎奴」衛青，他膽大心細，偷偷帶兵繞過匈奴的主力部隊，進入了匈奴的聖地——龍城。龍城是匈奴人祭祀祖先、天地和鬼神的神聖場所，衛青率軍突然到了這裏，就像天兵天將一般。匈奴人沒有防備，大驚失色。在殺死和俘虜了幾百個匈奴人之後，衛青又率奇兵飛速返回，成為真正的「龍城飛將」。

龍城之戰打得很漂亮，從此大漢軍隊對抗匈奴人有了信心。而衛青的軍事天才也使皇帝劉徹刮目相看，他從此屢屢出征，每次都不負眾望，戰果累累。

收復河朔

元朔二年（前 127 年），衛青再次出兵討伐匈奴。他率領四萬大軍，從雲中出發，向西繞路，突襲匈奴的高闕（今內蒙古烏拉特前旗）。切斷匈奴王庭和白羊王、樓煩王的聯繫，又南下一直打到隴西，活捉俘虜數千人，捕獲牲畜上百萬頭。匈奴的白羊王和樓煩王被衛青的節節勝利嚇跑了。

漢王朝趁機在衛青收復的河南（黃河河套地區）一帶修建了城池，設立了朔方郡，從內地遷過去十萬多人到那裏定居。這樣邊疆的防禦就更加堅固了，我們大漢的長安也不再時刻受匈奴騎兵威脅了。

衛青接連立功，被封為長平侯，食邑有三千八百戶呢！

這時，平陽公主寡居在家，要在列侯中選擇丈夫。有人建議說大將軍衛青合適，平陽公主笑着說：「他是我從前的下人，過去是我的隨從，

怎麼能做我的丈夫呢？」那人說：「大將軍已今非昔比了，他現在是大將軍，姐姐是皇后，三個兒子也都封了侯，富貴震天下，哪還有比他更配得上您的呢。」

皇帝知道這件事後，失笑道：「當初我娶了他的姐姐，現在他又娶我的姐姐，這倒是很有意思。」當即允婚。

當年的家奴現在娶了主人，成為平陽公主的丈夫，衛青的一生真的是非常傳奇啊！

（選自《大漢名人錄》）

記者述評　推恩令的實行

「推恩令」是什麼呢？就是讓諸侯推行皇帝的恩德，即除諸侯長子襲爵為王外，還要把封地分給其他兒子為列侯。這樣表面上是讓皇帝的恩澤惠及更多的皇子皇孫，都能得到財富和土地，實際上是分化削弱了諸侯王們的勢力，讓諸侯國越分越小，越分越弱。

我們都知道，諸侯王的反叛從大漢高祖時期就時有發生，景帝時的「七國之亂」更是轟動一時。如何削弱各地諸侯王的勢力，避免叛亂的發生呢？大漢歷代帝王心裏都琢磨過這個難題。忠誠的臣子們也時有獻策，比如當年的賈誼和晁錯，都向皇帝提出過一些削弱諸侯王勢力的建議。但是由於種種原因，他們的建議沒有得到徹底實行。如今，大漢又有一位臣子給皇帝獻計獻策啦，他就是主父偃。

提到主父偃，他可是皇帝身邊的大紅人，一年之內升遷四次。主父偃在元朔二年（前127年）給皇帝上書，建議實行「推恩令」。皇帝一聽，覺得這個建議好，於是在不久之後就正式下令實行了。

推恩令下達之後，各地的諸侯國被保留王國後，分成了許多個小的侯國。侯國的大小和縣差不多，並直接由中央管轄。這樣一來，諸侯王們就勢弱而老實許多了。

（選自《大漢參考消息》）

廣而告之

新書發佈，欲購從速

長安書店近期銷售一批大家新作，欲購從速。以下為新進書目簡介：

《春秋繁露》：作者是儒學大家董仲舒。本書共十七卷，以分析解釋孔子的經典《春秋》為主要內容，夾雜陰陽五行學說。儒學之風正在盛行，怎可不看？

《淮南子》：又名《淮南鴻烈》《劉安子》，由淮南王劉安主持撰寫。本書以道家為主，融合春秋戰國時期諸子百家的精華學說，內容龐雜，在闡述哲理的同時，還包含軍事、醫學知識和神話傳說等。原書包括《內篇》二十一卷，《外篇》三十三卷，今流傳下來的只有《內篇》二十一卷。在這本書裏，一定有你需要的知識！

《子虛賦》《上林賦》：作者是辭賦大家司馬相如。《子虛賦》由兩個虛構的人物——楚國的「子虛」先生和齊國的「烏有」先生的對話構成，他們用華麗的詞語鋪陳炫耀各自國家國君遊獵時的情景，皇帝讀了都為之驚歎。《上林賦》是《子虛賦》的姊妹篇，誇耀了上林苑的壯麗風景和皇帝遊獵的盛大規模。如今這兩篇名作捆綁銷售啦，想要學習辭賦的人不可錯過！

精緻的瓦當圖案

上面兩幅都是關於瓦當的圖片。什麼是瓦當呢？老百姓習慣叫它「瓦頭」，指的是屋簷最前端的一片瓦的前端或位於其前端的圖案部分。咱們漢朝的瓦當大多數是灰陶做的，裝飾圖案各式各樣，有文字、動物、幾何圖形、雲紋等。

第一幅圖片中的瓦當裝飾的是文字，用篆體文字寫的「漢併天下」，體現了我們大漢拓展疆域、一統天下的自豪感。文字圖案佈局和諧勻稱，風格質樸渾厚。

第二幅圖片中的瓦當裝飾的是四神圖。四神是人們根據天空四方的星象想象出來的神靈——東方青龍、西方白虎、南方朱雀、北方玄武。其中玄武比較特別，是一條蛇纏繞着一隻龜的圖案。傳說這四神能呼風喚雨、驅邪除惡，是武力的象徵，也寓意着吉祥，所以工匠喜歡在瓦當上裝飾它們的圖案。圖二中的這幾片瓦當是用來裝飾漢長城的。

（圖一）

（圖二）

1. 提出「罷黜百家，獨尊儒術」觀點的人是誰？

   A. 東方朔　　B. 董仲舒　　C. 司馬相如　　D. 衛綰

2. 被派出使西域的是誰？他的目的地是哪裏？

   A. 張騫　大月氏　　B. 張騫　匈奴

   C. 張騫　大宛　　　D. 張騫　大夏

3. 龍城之戰中打了漂亮仗的是誰？

   A. 李廣　　B. 公孫敖　　C. 衛青　　D. 王恢

答案：1.B 2.A 3.C

4

前一二六年～前八七年

劉徹雄風（下）

◎「匈奴未滅，何以家為？」脫穎而出的霍去病是如何北伐匈奴的？

◎被稱為「大俠」的郭解為何會走向悲劇的命運？

◎司馬遷為何要創作歷史巨著《太史公書》（又名《史記》）？

◎劉徹老了，漸漸糊塗了起來，令太子喪命的巫蠱之禍是怎麼一回事呢？

◎看完「劉徹雄風」，你會發現歷史上有很多讓人驕傲，也令人扼腕的傳奇！

「害蟲」匈奴被我們打怕了

自將軍衛青龍城大捷、收復河朔以後，我朝軍隊士氣大漲。匈奴人雖然嘗到了失敗的滋味，但是他們就像打不死的蟑螂，仍然時不時地進犯我們的邊境，搶奪糧食和財物，殺害無辜百姓。還好，我們有衛青和霍去病這樣年輕有為的將領。

下面是幾次征戰匈奴的主要戰役，讓我們看看大漢將士的威武雄風吧！

擊敗右賢王

元朔五年（前 124 年），今上（即漢武帝）下令讓車騎將軍衛青率領三萬騎兵從高闕出擊，又派蘇建、李沮、公孫賀、李蔡等將軍從朔方出擊，李息與張次公兩位將軍從右北平出擊，一共十萬多兵力，迅速趕往邊關。

夜色降臨，匈奴的右賢王還在帳篷裏優哉游哉地喝酒享樂，我朝軍隊趁他們沒有防備，組成了包圍圈，來了個甕中捉鱉。右賢王嚇得屁滾尿流，他不敢和我軍直接對抗，趕緊率領下屬，帶着愛妾騎馬突圍逃走了。我軍乘勝追擊，活捉了十多個匈奴的頭領，俘虜了上萬人，捕獲牲畜不計其數。

將軍們大勝而歸，今上對他們大加讚許，各有封賞，其中衛青被封為大將軍（其他將軍都要聽從他的號令），食邑增加到八千七百戶，連衛青剛出生不久的兒子都被封了侯。

新秀霍去病脫穎而出

衛青將軍打仗很讓人放心，他的外甥霍去病也不一般。元朔六年（前123年），年僅十七歲的霍去病跟隨舅舅衛青出戰，初生牛犢不怕虎，他率領八百騎兵突襲匈奴，竟然殺死了匈奴單于的祖輩籍若侯產，俘虜了匈奴的相國和單于叔叔，其他被殺死和俘虜的匈奴共有兩千多人。

元狩二年（前121年），霍去病被封為驃騎將軍，一年內兩次攻伐河西的匈奴。這兩次戰役，他率領的軍隊殺敵四萬多人，還一窩端地俘虜了五個匈奴王和他們的家人，匈奴的相國、將軍等大臣也被俘虜了六十多人。

匈奴大敗，只好退到焉支山以北，我們漢軍攻取了河西地區。匈奴人哀歎：「亡我祁連山，使我六畜不蕃息；失我焉支山，使我婦女無顏色。」意思是失去祁連山，他們的家畜都沒辦法生長繁衍了；失去焉支山，匈奴人的新娘子都沒有辦法用胭脂打扮了。

皇帝封霍去病為冠軍侯，食邑上千戶。焉支山附近是很好的草場，我朝派人去那邊養馬，為騎兵提供坐騎。

漠北之戰

為了徹底打垮匈奴主力，元狩四年（前119年）春，朝廷派衛青和霍去病分別率領五萬騎兵再次出擊匈奴。

衛青從定襄郡出發，出塞一千多里時遇到了匈奴主力，雖然李廣、趙食其部在沙漠裏迷了路，沒有及時和衛青會師，但是衛青仍然以弱勝強，在漠北擊敗單于，還繳獲了他們的糧草。

霍去病率軍從代郡出發，向北進軍兩千餘里，遇到了匈奴的左賢王，將其打敗，俘虜了匈奴部隊的不少重要人物，一直打到瀚海（今貝

加爾湖）附近才回轉。霍去病乘勝在狼居胥山（今蒙古肯特山）舉行了祭天活動。「封狼居胥」從此成為中國歷代兵家人生的最高追求，終生奮鬥的夢想。

　　經此一役，漠南不再有單于的王庭。我們漢軍佔領了朔方以西的大片土地，保障了河西走廊的安全。

附漫畫：

封禪泰山，皇帝劉徹答記者問

今上是個喜歡祭祀和封禪的皇帝，即位的第二年他就到雍（今陝西鳳翔）祭祀青、赤、黃、白、黑五帝，之後每三年祭祀一次。這不，最近他又去封禪泰山了，我們對今上進行了採訪。

記者
聽說去封禪泰山之前，您先率軍巡視了朔方，這是為什麼呢？

皇帝劉徹
為了展示武力，我統兵十八萬巡視朔方，並派遣使者通知了匈奴單于，表示震懾。估計把單于那老頭兒嚇得夠嗆！

記者
看來我們大漢軍隊確實威震四方，在這裏感謝那些保家衛國的戰士們。您能簡單解釋一下什麼叫封禪嗎？

皇帝劉徹
簡而言之，封禪就是祭祀天地。一方面是為了祈求上蒼的保佑，另一方面是為了表達我們對上蒼的感謝。

記者
看來封禪意義十分重大，可是秦始皇也去泰山封禪了，他的皇朝怎麼時間那麼短？

皇帝劉徹
聽說他在半山腰時被大雨澆了，是上天對他不滿吧……咳咳，請記者不要問與我無關的問題！

好吧，請您簡單說說封禪的過程！

　　元封元年（前 110 年）三月，我率領群臣從東面上了泰山，在山巔放置了一塊大石。爬山時我恍惚聽見有人喊我「萬歲」，群臣也有人聽見了。接着我沿着海邊向東巡視了一番。四月時，我回到梁父山先祭祀了地神，之後又在泰山建好的壇台舉行了祭天儀式。祭祀完畢後，我登上了泰山，在山頂舉行了給泰山加土的儀式。第二天，我從泰山北坡下來，又在泰山東北麓的肅然山舉行了祭地儀式。祭祀之後群臣對我表示恭賀，我頒佈詔書，宣佈封禪順利完成，大赦天下，改年號為元封。

外交新聞　張騫再次出使西域

　　為了聯合西域各國，孤立匈奴，元狩四年（前 119 年），今上封張騫為中郎將，派他第二次出使西域。張騫第二次出使西域不像第一次那麼危險了，因為這時候匈奴已經被打敗。張騫率領三百人，每人兩匹戰馬，所帶牛、羊數以萬計，還有金幣財寶、絲綢玉帛等也數以萬計。今上還任命許多副使隨張騫而行，副使們可以獨立持節出使更多國家。張騫的最終目的地是烏孫國。烏孫在西域的北面，地理位置十分重要，人口較多，軍事力量也比較強大。

　　到了烏孫國，使者們受到了國王的熱烈歡迎。張騫向烏孫國王傳達了漢皇帝的意旨：如果他們願意向東遷回故地，吾皇願意把那邊的土地封給烏孫國，還把公主嫁給國王。

烏孫國王和大臣們討論了幾天，還是決定不下來，倒是很想與大漢王朝建立友好關係。張騫怕耽擱時間，就讓副使們持漢節出使其他國家。他們出使的有大宛、康居、月氏、大夏、安息等國，擴大了政治影響。

張騫出使西域打通了我們大漢與西域各國的交通要道，讓大漢與更多國家建立了友好關係，也促進了相互間的經濟文化交流。由於張騫的名望很高，後來出使西域的使者都用「博望侯張騫」的名義，以便取信於各國。

（特約記者　司馬遷）

趣味專題　出使西域之後，大漢的變化

關鍵詞：夜郎自大

自從愛冒險的張騫出使了西域之後，我們大漢就多了不少外國趣聞。最近民間流傳最廣的一個故事是「夜郎自大」。

「夜郎」不是一個人的名字，而是西南地區一個小國的名字。話說漢使路過夜郎時，他們的國君問使者：「漢與我孰大？」意思是大漢和夜郎哪個國土面積更大。這令大漢使者哭笑不得：這夜郎國君的見識也太少了，我們大漢當然比他們國家大多了！（這就是成語「夜郎自大」的由來。）

其實在這之前，有個西南的滇國國王也問過使者類似的問題。當地的士兵出戰時會坐在大象身上，所以滇國又叫「乘象國」。

　　會出現這樣的笑話，一方面是因為我們大漢以前和西南小國聯繫較少，另一方面就是交通不便，所以這些小國都以為自己地盤不小，卻不知道漢朝國土的廣大。

　　使者回來之後，皇帝下令在西南設置了好幾個郡縣，加強了同西南各少數民族部落的聯繫，這樣我們漢朝的強大也就廣為人知了。

關鍵詞：胡蘿蔔

　　您還不知道什麼叫胡蘿蔔？那就落伍了！胡蘿蔔，乃橘色的、不辣的蘿蔔，營養豐富，可生吃，可蒸煮。我們用的是博望侯出使西域引進的正宗胡蘿蔔種子，經過一年的辛苦培植，現存新鮮胡蘿蔔兩倉，欲購從速！

　　聯繫人：胡羅發。地址：長安胡人胡同。

關鍵詞：天馬

　　最近大漢流行一個詞：「天馬」。別弄錯了，這可不是天上飛的馬，而是漢皇帝為大宛國的汗血寶馬起的名字。張騫出使西域，帶來了烏孫國的使者，也帶來了烏孫國的好馬。皇帝很高興，管烏孫國的馬叫「天馬」。後來皇帝又見到大宛國的馬，它們更加強壯，於是把烏孫國的馬改名為「西極馬」，把大宛國的汗血寶馬叫「天馬」。因為皇帝有這個喜好，使者們就絡繹不絕地帶着金銀財寶出使大宛國，然後帶回來許多他喜歡的「天馬」。

讀者來信
感謝博望侯豐富了我們的美食

親愛的編輯：

　　您好！也向大漢的百姓們問好！我是西域的一個商人。這次寫信是想特別感謝一下去西域的使者，尤其是張騫。他率領的使團為我們西域帶來了美麗的絲綢和桃、杏、李、梨等果樹。張騫帶來了一種燒烤技術叫「啖炙法」，我們把這種方法發揚光大，烤製出了美味的羊肉串，每次一烤，香飄十里。歡迎大漢百姓前來做客，嘗嘗我們的羊肉串。

　　希望以後有更多的使者來我們西域各地，和我們交流物資。我們這裏也有好多土特產喲！

熱情的商人　胡仁

親愛的讀者胡仁：

十分高興收到您的來信。自從絲綢之路開闢以後，我們也得到了許多好處。使者和商人們從西域引進了胡瓜、胡桃、胡麻、胡蘿蔔、石榴、葡萄、苜蓿等物產。我們對西域各國也十分好奇，聽說再往西還有紅頭髮、綠眼睛的人呢！期待更多商人到我們大漢來交流。祝您健康！

本報編輯　百科三代

新聞快訊　太學招生啟事

元朔五年（前 124 年），長安太學招生火熱進行中，想要研究儒家學說的學子們，請從速報名！

太學是由我們朝廷開辦的最高教育機構，由專門講授《詩》《書》《禮》《易》《春秋》的博士授課，研究儒家經典學說，為國家培養和選拔人才。雄厚的師資力量，光明的就業前途，機會不容錯過！

人物風采　喜歡牧羊的卜式

古往今來，為名利奔波終生的人多，看淡名利的很少。我們漢朝卻有一位放羊義士，寧願去放羊也不願意當官。

這個人就是卜式。他靠放羊維持生活，把父親留下的房屋和田產都給了弟弟。這個人養羊有套絕活，用了十幾年，把羊的數量從一百隻發展到一千隻。

為什麼說他是「義士」呢？因為我們常年與匈奴打仗，國庫空虛，卜式了解到國家的難處後，自願捐出一半家產；後來他又捐錢幫助因為洪水失去家園的災民。皇帝聽說他的義舉後，派人問他想不想當官，或者有沒有什麼別的要求，卜式都拒絕了。皇帝很感動，封他為中郎官，給了他許多賞賜，顯示朝廷對於這種良好品德的鼓勵。但是他把賞賜都捐出去了，穿着草鞋在皇家園林中放羊。

皇帝很好奇，詢問卜式養羊的道理，他說：「放羊和治理百姓的道理差不多，按照時令規律去放羊，不好的羊不要，以免帶壞整個羊群。」皇帝認為他說得很好，於是讓他做了一個縣的縣令。後來因為他有所作為，又被升官了。

（選自《大漢故事剪報》）

特別報道　皇帝晚年的家庭悲劇

百姓家的父子如果有矛盾，頂多父親揍兒子一頓算了。但這事要是發生在皇家，就不那麼簡單了。

據說，今上（漢武帝）年老後身體不好，到離長安三百里處的甘泉宮去休養。有個叫江充的都尉趁機進讒言，對皇帝說恐怕是有人刻小木頭人詛咒皇帝，才讓皇帝生病的。皇帝很迷信鬼神之說，於是讓江充去查。江充查來查去，最後栽贓陷害了太子劉據，並在皇后衛子夫的宮殿

和太子宮中都挖出了所謂的「桐木人」。

　　太子很委屈，卻難以見到皇帝，因而沒法辯解。太子找來少傅石德詢問該怎麼辦。石德說，因為巫蠱而被殺的人太多了。現在皇后和太子都見不到皇帝。為了避免發生秦朝時太子扶蘇被奸臣所害的悲劇，還是先起兵自保，以後再向皇帝請罪吧！

　　於是，太子調用宮中衛士把奸臣江充捉起來斬首。這時候江充的同黨蘇文跑去向皇帝告狀，說太子造反了。皇帝大怒，派兵圍捕太子，太子兵敗逃跑，太子的母親 —— 皇后衛子夫自殺。

　　太子帶着兩個兒子藏到民間一戶人家，結果被官兵發現。太子悲憤自縊，兩個兒子也遭殺害。

　　一場誤會，兩個奸臣導致了父子間的一場悲劇。皇帝也是老糊塗了吧，假如他對兒子和妻子多一點信任，多一點溝通，就不會發生這樣的事啦！

（選自《漢宮秘聞雜誌》）

衛青口述　我為大俠郭解鳴不平

　　本人衛青，聽聞大俠郭解的許多事跡，對他很是敬佩。

　　郭解是民間一個平凡百姓，他又是不平凡的，天下人少有不知道他的大名。之所以被稱為「大俠」，是因為他為人喜歡行俠仗義，施人恩德。郭解經常幫助別人解決糾紛，還救了一些人的性命，但他從不誇耀、不求回報。有人對他無禮，他也不計較。不少年輕人都很崇拜郭解，爭着為他效力，甚至暗自懲罰與郭解有仇的人。

今上有次下令讓各地的豪強富翁搬遷到茂陵，郭解家比較貧窮，卻上了搬遷的名單。我得知這件事後，特意去找皇帝求情，說郭解不夠搬遷條件。沒想到皇帝卻不同意，還說：「能讓大將軍求情，說明這家人一定不窮。」或許皇帝以為郭解賄賂我了吧，這可真是冤枉。最終郭解家還是搬遷了。

郭解搬家後，有不少人爭着去和他交朋友，都以認識他為榮。郭解這樣的大俠，也有仇人，那個仇人想去告狀，結果被不知名人士殺死在皇宮門外。皇帝以為是郭解派人殺的，就下令逮捕他。郭解得知後趕緊逃跑了，一路上都有人接應他，還有個以前不認識郭解的人為了掩護他而死，可後來郭解還是被逮捕了。其實按照法律來看他是無罪的，可御史大夫公孫弘卻認為郭解有罪，就把他滿門抄斬了。從此以後很難見到像郭解那樣有威望的俠客了。

唉，公孫弘那樣的儒生啊，只知道舞文弄墨，心胸狹隘，又怎麼能理解俠義二字呢？

（選自《衛青：我不得不說的故事》）

貓的失職？ —— 張湯審鼠

有人說「狗拿耗子多管閒事」。捉耗子應該是貓的本分，可有個奇怪的小孩兒卻扮演了貓的角色，把「老鼠」捉到了。

事情的起因是小孩兒張湯的父親有次外出，讓張湯看家，回來後卻發現家裏的肉被老鼠給叼走了。父親很生氣：「你怎麼沒看好家？」把張湯揍了一頓。張湯很委屈：「又不是我偷的肉，都是老鼠的錯！」

張湯又是挖洞，又是用煙熏，把家裏的老鼠一併抓獲，還發現了被老鼠叼走的肉。這下人證物證俱在，老鼠捉拿歸案了。張湯假裝自己是負責審判的人，開始審問老鼠。他先是彈劾老鼠，然後對它加以鞭笞，嚴加拷問，定罪後對老鼠處以死刑。這還不算，最後還把審問老鼠的經過形成治獄文書寫了下來。張湯的父親看到他寫的文書，很是吃驚 —— 很正規嘛！就像工作多年的老獄吏寫的一樣。於是他找來更多法律方面的相關書籍，讓張湯學習。

　　後來張湯長大了，有了官職，他的審案才能得以充分發揮。張湯為官清廉，對待違法的人毫不手軟，他還參與了一些律令的制定，受到皇帝劉徹的寵信。

（選自《大漢新青年報》）

「飛將軍」李廣的悲劇人生（特約嘉賓：司馬遷）

　　當年震懾匈奴的「飛將軍」李廣十分具有傳奇色彩，然而他和他家族的經歷卻是悲劇性的。李氏家族為何會走向悲劇呢？本報記者就此對熟知歷史的司馬遷先生進行了採訪，讓我們來看看他的敘述吧！

記者

　　李廣是怎樣一個人？人們為什麼叫他「飛將軍」？

司馬遷

　　據我所知，李廣是一個武藝高強、驍勇善戰的人，有一次他誤把石頭當成老虎，向它射箭，箭矢居然射進石頭很深，可見此人臂力之強。他善待下屬士兵，不貪錢財，很有威望。

　　李廣駐守邊關的時候，匈奴不敢進犯。「桃李不言，下自成蹊」，李廣不善於語言表達，但是他的為人深受百姓的尊敬。漢文帝曾經稱讚李廣說：「真可惜啊，你生不逢時。假如你出生在高祖打天下的時代，早就成萬戶侯了！」李廣在雁門關對抗匈奴時，曾經因寡不敵眾而被俘。李廣當時生了病，還受了傷，可他憑着高強的武藝，急中生智，奪馬逃了回去，還射殺了不少匈奴人。他來去像飛一樣迅速，後來就被敵人稱為「飛將軍」了。

記者

　　這樣一位有能力的將軍，為什麼沒有被封侯，甚至最終自刎而死呢？

司馬遷

　　導致李廣走向悲劇的，有當權者的因素，也有他個人的原因和偶然因素。從文帝到今上，李廣都沒有受到十分重用。景帝時平定七國之亂有李廣的一份功勞，但是因為參與平叛的梁王給他封賞，李廣接受了，而梁王和景帝貌合神離，所以景帝沒給他封賞。

　　今上重用衛青和霍去病，把更多立功的機會給了他們，所以李廣就難以封侯了。李廣雖然經常以少勝多，但是他出兵不講紀律，缺少大局觀，常常憑着一腔熱血，所以戰功不多而士兵傷亡卻不少。他在最後一戰中迷路耽誤戰機，因而自刎，也是很令人遺憾的。

記者

　　剛才您介紹了李廣，李氏家族的其他人又有怎樣的命運呢？

司馬遷

　　李廣有三個兒子。大兒子和二兒子都死得早，唯有第三個兒子李敢作戰英勇，被封為關內侯，還接替李廣做了郎中令。可因為他和衛青有矛盾，被衛青的外甥霍去病給射死了。今上還幫忙遮掩說李敢是被鹿頂死的。

　　李陵是李廣大兒子的遺腹子。他長大之後也成為將領，在一次和匈奴交戰中不幸因為寡不敵眾而戰敗，在沒有糧草和救兵的情況下投降了。皇帝聽說後很生氣，把李陵的母親、妻子全殺了。這樣李陵再也沒有機會回到大漢了。李氏家族的命運真令人歎惋啊！

我和《史記》

　　我是前任太史令司馬談的兒子。司馬家的祖先在周朝也是掌管天文和歷史記載工作的，可以說是史官家族了。我的父親懂得天文和《易》理，還學過道家學說，當了三十年的太史令。他囑咐我平時要注意搜集整理明主賢君和忠臣義士的事跡。在父親去世三年後，元封三年（前108年），我也做了太史令，算是子承父業吧。

　　年少時的學習和遊歷拓展了我的眼界，我曾經到九嶷山探訪過舜的墳墓，特意去曲阜領略孔子的遺風，還去過一些少數民族地區了解當地的風土人情。我十分敬佩孔子，經常研究他的史學著作《春秋》，從這本書裏，我學到不少東西，打算自己也寫一本歷史方面的書籍，讓後人從我的書中學到做人、做事的道理。

　　於是我開始整理前人留下的歷史材料，準備從上古傳說中的黃帝時期，寫到當代，一共三千年左右的歷史。可是寫到第七年的時候，我受到了一個巨大的打擊。

　　我為投降匈奴的李陵（當年的飛將軍李廣的孫子）求情，卻被皇帝遷怒，處以腐刑。在病痛和傷心之餘，我想到了當年被囚禁的周文王和被砍斷雙腳（一說挖掉膝蓋骨）的孫臏，他們在遭受挫折後沒有氣餒，反而做出了一番事業。我相信我也能做到，於是便繼續發憤著書。

　　最終，我用了十八年的時間寫成了一部紀傳體通史《太史公書》（後人稱《史記》），一共一百三十卷，大約五十二萬六千五百字，有十表（大事年表）、八書（記各種典章制度）、十二本紀（歷代帝王政績）、三十世家（諸侯國和漢代諸侯、勳貴的興亡）和七十列傳（重要人物的言行事跡），寫出了不同時期的政治、軍事、經濟、文化等領域的發展狀況，也

寫出了一個個鮮活的歷史人物。

史書的完成意味着我實現了父親的遺願，也算是無愧於心了。我評價了前人，不知道後人將會如何評價我呢？

（選自《司馬遷自傳》）

人物述評　幸還是不幸？白髮顏駟升官啦！

俗語「馮唐易老，李廣難封」，意思是馮唐九十多歲才被舉薦，已經不能去當官了；李廣當了多年的將領卻難以被封侯。這兩個人運氣都不好，如今我們要說的這個人物顏駟，運氣不知當說好還是不好，請大家來評判吧！

顏駟是一位管理車輦的下屬部門的老郎官，有一天皇帝乘車在宮中巡遊，偶然注意到顏駟，見他白髮蒼蒼，衣衫襤褸，就起了憐憫之心，問他什麼時候開始做郎官，又為何一直沒有升職。顏駟實話實說：「我在文帝時就已經當郎官了，可是文帝喜歡有文化的知識分子，我卻偏好武藝；到了景帝時他喜歡任用年老的人，我當時還算年輕；到了您當皇帝的時候，您喜歡任用年輕人，我卻已經老了。三代皇帝選拔人才的標準都不適合我，我就沒有升職的機會了。」

皇帝一聽，很受觸動，就給顏駟升了官，讓他當了會稽都尉。不過顏駟已經年老體衰，難以施展自己的才能了。你們說，他到底是幸還是不幸呢？

（選自《大漢人物週刊》）

淮南王煉丹煉出了豆腐

　　信奉道家學說的淮南王劉安，沒事喜歡煉仙丹，以求長壽。不知道他仙丹有沒有煉成，有趣的是，今上元朔四年（前 125 年），淮南王無意中煉出一種新的食品 —— 豆腐。真是「無心插柳柳成蔭」啊！

　　豆腐這種食品是豆汁摻上鹽鹵變成的，白白嫩嫩，看着就很好吃。相信大漢各地很快就會流行這種食品的，我們老百姓有口福啦！

（選自《大漢美食週刊》）

招 聘 啟 事

修長城，徵雇工

　　為了方便駐兵，維護邊境的安全，也讓博望侯張騫開發的絲綢之路更加暢通，朝廷現決定徵用大批雇工，在秦長城的基礎上修繕、延伸，預計修築一萬多里，從樓蘭（今新疆羅布泊）附近修至遼東（今遼寧大部和吉林一部分）。

　　要求：身體健康，勤勞肯幹，願為大漢國防出力者。

大漢工部長城管理處

X 年 X 月 X 日

1. 封狼居胥的人物是誰？

   A・衛青　　B. 李廣　　C. 霍去病　　D. 漢武帝

2. 元封元年（前 110 年）三月，漢武帝在哪座山封禪？

   A. 黃山　　B. 泰山　　C. 嵩山　　D. 峨眉山

3. 《太史公書》，也就是《史記》的作者是誰？

   A. 司馬遷　　B. 董仲舒　　C. 東方朔　　D. 張湯

4. 豆腐的發明者是誰？

   A. 劉安　　B. 卜式　　C. 顏駟　　D. 郭解

答案：1. C　2. B　3. A　4. A

漢業中興

◎面對上官桀等奸臣的計謀，皇帝劉弗陵會猜忌輔政大臣霍光嗎？

◎使者蘇武為何被大家稱讚為忠貞不屈？他被扣留在匈奴十九年，為什麼還要堅持回國？

◎在監牢裏長大的劉詢會成為一代明君嗎？「故劍情深」，漢宮版灰姑娘許平君是如何成為皇后的？

◎家境不好買不起書也可以成才，請大家向路溫舒學習！

◎呼韓邪單于歸漢了，稻穀也連年豐收了。

◎漢業中興，吉祥的鳳凰鳥兒也來湊熱鬧！

小皇帝登上皇位

後元二年（前 87 年）春天，武帝病情加重。彌留之際，他決定立小兒子劉弗陵為太子。而劉弗陵此時才八歲，必須有一位可信賴的輔佐大臣才行。經過觀察，武帝把輔佐劉弗陵的重任交給了大臣霍光（霍去病同父異母的弟弟）。

他讓畫工畫了一幅圖，內容是周公背着周成王朝見諸侯。皇帝的意思很清楚：希望霍光能像西周時的周公一樣，忠心輔佐少主。

在給霍光封了大司馬大將軍，又對另幾位值得信任的大臣囑咐完後事之後，武帝就去世了。太子劉弗陵按照武帝的遺願做了皇帝。

登基後，新皇帝為了百姓避諱方便，去掉名字中的常用字「陵」，改名為劉弗。皇帝年幼，很多國家大事都要霍光來決斷。霍光既要輔佐和教導年少的新皇帝，又要處理國事，還得防備那些心懷不軌的奸臣，可謂責任重大。

霍光能否做好輔佐工作呢？我們將持續關注。

（選自《長安時報》）

鈎弋夫人的百味人生

個人資料

姓名：趙鈎弋（拳夫人、鈎弋夫人）

愛好：清靜

民族：漢

職業：婕妤（皇帝的嬪妃）

正文

我的性格

我是趙鈎弋，年少時身體不好，還有點偏食，所以臥病六年，也算是個病美人啦！奇怪的是我的右手總是握着拳伸不開，所以習慣用左手做事。我最喜歡清靜，是個有內涵的人，不像隔壁二丫總出去瘋玩。大家要是想加入我的好友行列，就和我書信來往吧！

正文

沒想到嫁給了皇帝……

「鈎弋」和「拳夫人」其實是我的外號。大家都這麼叫我，我都逐漸忘了自己的本名了。說起來這個外號還跟皇帝有關。皇帝出去遊玩時路過我的家鄉，看見天上的雲彩說：「東北有貴人。」然後不知怎麼就找到了我。聽說我手握拳、伸不開的事情，他還好奇地伸手去掰。沒想到掰開了，我的手裏竟然還握着一枚玉鈎。皇帝見我長得漂亮，就要娶我，

封我為婕妤。其實我不太願意嫁給這麼老的人。皇帝都有六十歲了，我才十六呢！可家人和朋友都說，今上是偉大的皇帝，嫁給他是十分榮耀的事情。唉，誰知道呢，我也是身不由己啊！

寶貝兒子出生啦

太始三年（前94年），我的兒子劉弗陵出生啦！看着他一天天長大，變得聰明可愛，我挺有成就感的。皇帝也挺喜歡這個兒子，經常說兒子像他，可我看兒子比他好多了，哼！

這次大概是我的遺言了

聽說皇帝要讓我兒子做繼承人，這是好事，可他為什麼要先治我的罪呢？聽說是怕我成為第二個呂后把持大權。可笑！自己喜歡權勢，就把天下人都想得和他一樣。算了，我還是自我了斷吧。兒子你可要爭氣喲！

☐ 劉弗陵：母親，雖然我還小，但是也知道孝順。我一當上皇帝，就把您追封為皇太后了，還把您原來簡陋的墳墓遷到了雲陵。　回覆

☐ 匿名留言：今上為鈎弋夫人換墓穴的時候，聽說有神跡出現：棺中無人，僅有一雙鞋子。鈎弋夫人，您成仙了嗎？　回覆

☐ 鄉親：鈎弋夫人，我們家鄉父老都為您感傷，特意修建了拳夫人娘娘廟，希望您在天之靈保佑我們吧！　回覆

少帝封賞老功臣

　　始元元年（前86年）九月，車騎將軍金日磾（音同密低）病重，皇帝（即漢昭帝劉弗陵）對其表示深切的關懷和慰問。金日磾在武帝時深受信任。武帝臨終託孤時，霍光曾經謙讓過，說自己不如金日磾，而金日磾也謙讓說自己是匈奴人，如果作為最重要的輔政大臣，會讓匈奴人輕視漢朝。於是武帝就讓他做了霍光的副手，封他為車騎將軍。

　　金日磾一生為人勤懇忠誠，謙恭儉讓，在工作崗位上從未有過失誤，還救過武帝的性命。在對待名利上他十分淡泊，武帝遺詔裏要封他為秺侯，他以少帝年紀小的原因不肯接受。少帝即位一年多之後，金日磾臥病在牀，病體日重。在霍光的建議下，少帝對老功臣金日磾進行了加封，金日磾在病牀上接受了封號和印綬。

　　可惜的是，不久之後金日磾就去世了。朝廷為他舉行了隆重的葬禮，讓其陪葬於武帝的茂陵，諡號為「敬侯」。金日磾的兩個兒子和少帝一起長大，也受到了少帝的信任，看來他們家族的榮耀是會延續下去的。

（選自《大漢臣子報》）

關於鹽鐵官營的辯論會

　　始元六年（前81年），今上從上林苑體驗農村生活回來之後，想要廣泛了解百姓生活，於是下令讓各地推舉的賢良之士來彙報一下民間疾

苦。這些人給皇帝的意見是：取消鹽、鐵、酒類專賣等官營事業的壟斷地位，讓百姓也能參與這些行業的買賣。朝廷裏有些官員對此表示強烈反對，於是霍光以皇帝的名義命丞相田千秋主持一個辯論會，討論是否要取消鹽、鐵、酒類專賣等事業的專營。

| 正方 —— 堅持鹽、鐵官營是正確的。代表：桑弘羊 |
| 反方 —— 應該取消鹽、鐵官營。代表：賢良文學之士 |

以下為辯論內容：

桑弘羊 💬 鹽、鐵官營是我在武帝的時候參與主持的經濟政策。當年戰爭頻繁，國庫空虛，如果不把鹽、鐵、酒納入官營，我們哪來的錢去打匈奴，又如何去賑災呢？我可是大漢攢錢一把手，當然最有發言權！

賢良文學之士 💬 我們大多來自民間，能看到百姓實際生活中的一些困難。鹽、鐵、酒等行業的官營，讓貧富差距更大了。小地主和貧民買不起價格昂貴的鐵器，就算是買得起也不一定好用啊！您大概不知道，有些鹽味道是苦的，做飯時不如不放；有不少鐵器粗製濫造，不符合規格要求，幹農活兒的人只好用木頭做的農具，或者直接用手來勞作。有的地方甚至強買強賣，這不是增加百姓的負擔嗎？

桑弘羊 💬 你們說的問題是下面某些官員辦事不力造成的，不能全盤否定我們的制度。再說假如政府放開鐵器的買賣，那些心懷不軌的反叛者和外族敵人就會有空子可鑽，多多製造武器了。除非反方能拿出更好的為國家聚財的方法，否則我不會同意你們的觀點。

賢良文學之士 💬 一項制度或許不是永久性合理的，如今鹽、鐵、酒的國家專賣制度是從老百姓手裏奪取財富，給百姓添了不少煩惱，連酒都喝不暢快。所以我們依然堅持自己的觀點。

主持人田千秋 💬 雙方辯論的內容我都認真聽了，大家說的都有道理。我要將情況向大將軍與皇帝彙報。

霍光 💬 經過我與皇帝的研究，朝廷決定停止酒類的專賣，但是保留鹽、鐵的官營。希望這個決定會讓百姓們少一點煩惱。

（選自《大漢商報》）

新書速遞　桓寬新書《鹽鐵論》面世

關於鹽、鐵官營的辯論會引起了大家的廣泛關注，桓寬的新書《鹽鐵論》就是根據會議精神而作，這本書採用對話體的形式，總結記錄了會議上各個代表人物的發言和辯論內容。研讀之後，您不但能對當時的會議情況有所了解，還可以知道許多民間的風俗習慣和經濟狀況。

本書一共十卷六十篇，語言生動，描寫精彩，多運用排比句、對偶句，很適合晨讀朗誦喇！各位鄉親們，快快下訂單吧！

特別報道　牧羊十九年，蘇武回國

出使西域是個危險的差事。當年博望侯張騫第一次去西域，就被匈奴扣押了，差點回不來，而我們的中郎將蘇武直接去的就是匈奴的地盤，危險係數就更高了。天漢元年（前 100 年），匈奴新單于即位了，武帝派蘇武帶着許多財物出使匈奴，表示慶賀。沒想到，就在蘇武完成任務將要返程時，匈奴發生了內亂，牽連到蘇武的副將，於是蘇武就走不了了。

蘇武得知自己回不了大漢，認為自己沒臉見皇帝，羞憤之下拔劍自殺，幸好被醫生救了過來。匈奴的單于見蘇武是這樣一個剛烈的人，很是敬佩，想要招降他。怎奈威逼利誘對蘇武來說都不起作用。單于想，餓你幾天，看你還硬氣不？於是下令不給蘇武飯吃。那時候正是冬季，蘇武渴了就抓雪吃，餓了就吞咽氈毛，過了好幾天都沒被餓死。匈奴人覺得很神奇，就讓他去北海（今貝加爾湖一帶）放羊，隔絕他與大漢之間的信息交流。

蘇武走到哪兒都不忘記自己大漢使節的身份，即使所帶符節上的裝飾都掉光了，只剩下一根光禿禿的棍子，他仍舊帶着它。牧羊的時候，沒有人給他吃的，他就去挖老鼠洞，把老鼠的存糧拿來吃，心裏始終期盼着有一天能回到大漢。單于的弟弟去北海打獵時遇到蘇武，給了他一些生活必需品和食物。在這之後，單于又派降將李陵來勸說蘇武投降，結果李陵反被蘇武說得淚流滿面、羞愧不已。

今上（昭帝）即位後，大漢與匈奴的關係緩和了一些。朝廷趁機要求匈奴放回當年的使者，匈奴人撒謊說蘇武已經死了。大漢使者不相信，就編故事騙匈奴人說：「我們皇帝在上林苑打獵的時候，射中一隻大雁。大雁腳上綁着一封信，上面寫蘇武就在北海呢！你們怎能騙人？」匈奴單于長歎一聲：「大雁都這麼講信義，那我還是放人吧！」於是蘇武在被扣留十九年後，終於回到了故鄉。

編後注 💬 出使前，他還年輕力壯；回國時，他的頭髮和鬍鬚早已經變白了。被扣留十九年，從未忘卻自己的國家和使命，蘇武用他的不屈與錚錚傲骨，對忠貞不渝做出了最完美的詮釋！

（選自《感動大漢人物》）

度遼將軍范明友的感謝詞

元鳳三年（前 78 年）冬，范明友率軍擊敗了遼東反叛的烏桓族，對匈奴產生了進一步的震懾。他斬首捕虜三萬餘人，獲畜產五萬餘頭，因軍功被封為度遼將軍。

度遼將軍主要維護漢東北部邊疆的安定，是一個非常重要的職位。下面是范明友的感謝詞。

尊敬的皇帝陛下以及其他各位大人：

被授予度遼將軍之職銜，我感到十分榮幸。首先感謝皇帝和我的岳父大人霍光，是你們的信任和支持給了我這次成功。

雖然之前我也曾多次立下戰功，不過這回的征討烏桓之戰卻是我首次作為重要將領獨當一面，充分展現了我的軍事才能。（悄悄話：岳父大人讓他的兒子霍禹也隨軍蹭點戰功，我更是不敢怠慢，要好好表現了。）

其實在戰爭之前，我就有預感，這次戰役一定會打贏。大家可能都聽到傳說了，今年春天的時候，泰山有塊大石頭自己立起來了，還有皇家園林上林苑裏枯死的柳樹竟然又活過來了。這不都是祥瑞的徵兆嗎？所以除了皇帝和岳父，最後我還要感謝蒼天。我會不負聖恩，再接再厲，在崗位上取得更好的功績！

度遼將軍　范明友

元鳳三年

（選自《大漢臣子言行錄》）

少帝明辨是非

　　霍光輔政以後，對待少帝很忠心。他沒有把皇帝當成小孩子，而是把他當成一個君主，尊重他的意見。因為武帝時期國家為戰爭付出很多，國庫空虛，百姓生活也不是很富裕，所以霍光與皇帝商議出一些安撫百姓的措施：如安撫孤苦的貧民，注重春耕生產，把種子和糧食借給缺糧的貧民等，受到了百姓的歡迎。

　　可惜，朝廷裏總有那麼幾匹害群之馬。左將軍上官桀和霍光有姻親關係。上官桀想讓六歲的孫女嫁給少帝（即昭帝），並讓她當皇后。霍光不贊同，說孩子太小了。上官桀不高興了 —— 我的孫女不也是你的孫女嗎？裝甚麼高風亮節！後來上官桀還是通過討好鄂邑長公主（少帝的姐姐），讓孫女當上了皇后。上官桀又想推舉一個人做官，霍光以那個人沒有功勞為由拒絕了。上官桀覺得很沒面子，於是就越來越憎恨霍光，想找機會除掉他，然後再除掉少帝，掌握朝廷大權。

　　上官桀一邊拉攏鄂邑長公主，一邊又勾結了燕王劉旦，想要造反。他們先是偽造了一封燕王的書信，然後趁着霍光不在，讓使者交給皇帝。書信裏告發霍光出去檢閱羽林軍的時候耀武揚威，排場跟皇帝一樣，還擅自調用校尉到他的將軍府，一定有陰謀。

　　他們以為皇帝會把這封告發信交給下面大臣商量，到時候就可以逼迫霍光下台了。沒想到皇帝看了信之後沒有下發，第二天也沒有責怪覲見請罪的霍光，反而說霍光是被冤枉的 —— 燕王遠在北方，怎麼會得知近期長安發生的事情？所以書信一定是偽造的，要追查那個送信的人。

　　上官桀等人聽了之後非常害怕，於是對少帝說：「這麼一點小事，不值得追查。」他又不斷地在皇帝面前說霍光的壞話。皇帝嚴厲斥責了他

們，並開始懷疑這一夥人了。皇帝才十四歲就能明辨是非，實在是我們大漢的幸事啊！

（選自《大漢參考消息》）

飛鴿傳書　上官桀等亂黨被剿滅

1

尊敬的鄂邑長公主：

　　小皇帝只信任霍光，對咱們不屑一顧，不如造反吧！我和燕王劉旦、桑弘羊都商議了，他們都同意，現在只差您的意見了。

上官桀

元鳳元年（前 80 年）三月六日

2

上官桀：

　　經過一番思想鬥爭，我同意造反，但是你的決心大嗎？你的小孫女現在可是皇后啊！咱們造反成功了，她怎麼辦？

長公主

三月九日

尊敬的鄂邑長公主：

追逐麋鹿的獵狗，就顧不上兔子了。做大事總會有犧牲。我已經和兒子上官安商量過了，一切為了造反，誰也阻擋不了我們造反的道路！

上官桀

三月九日

楊敞大人：

我要向您告密！大事不好了，長公主、上官桀還有燕王劉旦、桑弘羊他們陰謀要造反！他們打算以長公主的名義宴請霍光，在宴席上殺掉他，之後再害死小皇帝。我作為長公主門下的一名普通稅務官員，認為他們的做法是大逆不道的，所以特意稟報您，希望您相信我！

稅官 XX

四月十日

楊敞：

你和我提及的上官桀等人造反一事，我已經立即報告皇帝和霍光大人了。此事重大，我們必會立下大功一件！

杜延年

四月十日

6

尊敬的皇帝陛下：

參與造反的上官父子和桑弘羊已經被處死，長公主和燕王也畏罪自殺了，還好我們發現得早，虛驚一場啊！

附：您的皇后 —— 也就是我的小外孫女，她也是上官桀的孫女，會受到牽連嗎？

霍光

四月十二日

7

霍光：

上官皇后才九歲，懵懂無知、不諳世事。她雖然是上官桀的孫女，但自幼入宮，與家人聯繫不多，並不知道自己的爺爺和父親要造反，這次事件不能牽連她，讓她繼續做皇后吧！

皇帝

四月十二日

人物述評　以「車」為姓的丞相

劉弗為帝時的丞相車千秋，原本名字是田千秋。他在武帝的巫蠱之禍事件中，為死去的太子劉據抱不平，以神靈託夢講太子冤屈為藉口，向武帝上書，終於使武帝醒悟，於是太子得以申冤平反。武帝認為田千

秋品德高尚，敦厚且有智慧，就給他升官，不久之後又把他提為丞相。

田千秋在丞相的位置上很稱職，聲望很高。他勸說武帝減少刑罰，讓百姓得以休養生息。武帝去世後，他又配合霍光共同輔佐少帝。霍光主管內政，他管理外事。但因為霍光勢大，田千秋通常不對政事發表自己的看法，只是表示同意霍光的意見。

田千秋一共當了十二年丞相。他年老後，皇帝特別優待他，考慮到人老了腿腳不方便，每次朝見都讓田千秋乘小車進入宮殿，所以田千秋被稱為「車丞相」。後來他的子孫引以為榮，改以「車」為姓，並且尊車千秋為「車」姓的始祖。

昭帝去世

元平元年（前 74 年）的初夏，英明仁慈的昭帝因病在未央宮去世，年僅二十一歲。他在去世之前不久，還念念不忘要減輕百姓負擔，頒佈詔令減少賦稅。昭帝明察善惡，鼓勵節約，裁撤多餘的官員，與匈奴的關係以和親為主，國庫逐漸充實，老百姓生活也好了起來。諡號「昭」字對於劉弗來說是最恰當的概括了。

我們找到新皇帝了

昭帝去世後，新皇帝劉賀登基。但他登基不到一個月，就鬧得皇宮雞飛狗跳，霍光等大臣最終廢黜了新帝。

大漢百姓對下一任皇帝是誰比較感興趣。現在，我們找到新皇帝了。他的名字叫劉病已，元平元年（前 74 年）七月被立為皇帝。下面介紹一下新皇帝的出身來歷。

新皇帝劉病已登基後改名為劉詢，生於武帝征和二年（前 91 年），字次卿。他是武帝的曾孫，所以很多人叫他「皇曾孫」，也是當年戾太子劉據（衛子夫之子）的孫子。因為被牽連進巫蠱之亂，一個繈褓中的小嬰兒也進了監獄。管理監獄的官員邴吉可憐這個嬰兒，讓兩個生育不久的女犯人餵養他，這才保住了他的性命。皇曾孫小時候身體不好，經常得病，全靠邴吉精心照料。因為希望他今後不再生病，就給他起名「劉病已」，「已」是停止的意思。

後元二年（前 87 年），武帝生病，有人對他說長安監獄裏面有天子氣，於是武帝下令把裏面的犯人全部殺掉，由於邴吉的阻攔，來人沒能殺掉劉病已。武帝知道後歎氣：「這是天意啊！」於是大赦天下，劉病已終於出獄。武帝臨終前，承認了劉病已的皇室成員身份。

劉病已從外曾祖母史家回到長安，由掖庭令負責撫養。掖庭令張賀曾經是戾太子劉據的屬下，對待劉病已非常盡心，用自己的錢供他讀書學習；劉病已長大後，張賀還給他娶了媳婦許氏。

劉病已靠着這些好心人慢慢長大，成了一個博學好問的人，還通過遊俠生活了解了不少人民的疾苦，對吏治也有一些自己的看法。

元平元年（前 74 年），昭帝去世，不久繼任的劉賀又被攆下了台。這

時候邴吉向霍光推薦了劉病已，太僕杜延年也因為劉病已名聲很好而推薦他，於是我們的新皇帝就在大臣的一致推舉中即位了。

宮廷秘聞 一個「故劍情深」的感人故事

平民姑娘許平君是如何成為一代皇后的呢？又經歷了哪些不為人知的挫折呢？下面請看本報獨家報道。

不少人都知道，當初咱們的皇帝劉詢幼兒時期在監獄裏待了好幾年，那時候許平君的父親許廣漢是獄吏，經常能見到小劉詢。劉詢五歲時出獄，他一開始投奔曾祖母，不久之後曾祖母又年老去世了，劉詢就被掖庭令收養了。

掖庭令張賀特別關心劉詢，不僅教他讀書，還常常在外人面前表揚他，在劉詢長大之後還想把自己女兒嫁給他，但是這門親事被張賀的弟弟張安世給堅決阻止了。張安世覺得劉詢將來沒什麼大出息，不值得把侄女嫁給他，討好劉詢不如討好當今皇帝。這時候張賀聽說屬下許廣漢有個十五歲的女兒，就請許廣漢喝酒，席間把劉詢一頓誇，說：「我出聘禮，你把女兒嫁給劉詢怎麼樣？」許廣漢醉醺醺地答應了，於是就把女兒平君嫁過去了。

平君和劉詢感情很好，雖然生活平平淡淡，但是有滋有味。一年後，平君生了個兒子劉奭，也就是未來的太子。不久之後，劉詢當了皇帝，平君被封為婕妤。大臣們建議劉詢立個皇后管理後宮事務，並且暗示他，霍光的小女兒霍成君適合當皇后，但是劉詢不同意——怎麼能讓結髮妻子受委屈呢？有一天，劉詢故意下詔，說自己非常想念在貧寒時

擁有的一把舊劍，請大臣們幫忙找一找。「舊劍」其實指的就是許平君。大臣們明白皇帝的意思了，就支持皇帝立許平君為皇后。就這樣，一個平民女子成了後宮之主。

一封浪漫的詔書，一個「故劍情深」的感人故事，深深打動了人們的心。劉詢能夠做到不忘貧賤時的妻子，老百姓對他的人品都表示了肯定。可惜，後來許皇后被霍光的妻子陰謀毒死了，劉詢非常悲痛，追封她為「恭哀皇后」。雖然劉詢不太喜歡太子劉奭，但因為劉奭是許皇后的兒子，就沒有忍心把他廢掉。

（劉大喇叭　口述　本報記者席八卦　整理）

記者述評　試看霍氏「囂張」到幾時

地節二年（前 68 年）春，管理朝政有二十年時間的霍光病重，皇帝親自探望，為之傷心流淚。不久之後霍光去世，朝廷為他舉行了隆重的葬禮，謚號「宣成侯」，從這以後皇帝才開始親政。

霍氏家族的人因為權勢大，驕橫慣了，在霍光去世之後沒有把皇帝放在眼裏。霍光的妻子把霍光的墳墓改造了一番，其佔地面積和奢華程度快趕上皇家陵園了。霍光的兒子霍禹、侄孫霍山大興土木，建造豪華的宅邸；侄孫霍雲裝病不上朝，卻帶着一批人去遊獵。霍光的妻子女兒們把皇家的長信宮當成自家後院，沒事就去溜達，對待太后也沒有禮貌；霍光的妻子勾結宮中的女御醫，毒死原來的許皇后，還曾多次指使小女兒霍皇后毒害太子，但都被太子躲過去了。霍光死後這件事走漏了消息，皇帝就開始慢慢削減霍氏家族的權力，把有兵權的人明升暗降，

派去做文官；又把親信調到重要職位上來用，從而克制霍家。

霍氏家族的人對權勢被壓制感到不滿，再加上謀害許皇后的事件，他們心中有鬼，就計劃廢掉宣帝，讓霍禹來當皇帝。地節四年（前 66 年），他們的陰謀敗露，霍雲、霍山和霍光女婿范明友自殺，霍光的妻子和霍禹等人被捕後判處了死刑。霍皇后被廢打入冷宮，關在上林苑的昭台宮，十二年後也自殺身亡。其他因為霍氏家族謀反被牽連的有上千家。

曾經因為霍去病和霍光而顯赫一時的霍氏家族就這樣走上了末路。霍光若在天有靈，會不會後悔當輔政大臣呢？

（選自《長安文摘》）

讀者來信 為什麼那麼多人叫「延年」

親愛的編輯：

作為貴報的忠實讀者，我有件事情很好奇。以前武帝時有位叫李延年的，如今又聽說有叫嚴延年和田延年的，為什麼那麼多人叫「延年」呢？李延年、嚴延年和田延年是什麼樣的人，您能介紹一下嗎？先說聲謝謝！

祝您心情愉快！

讀書人　張好奇

親愛的張好奇讀者：

您好，來信已閱。我來解答一下您的問題。

李延年是武帝時的音樂家，代表作是「北方有佳人，絕世而獨立，一顧傾人城，再顧傾人國。寧不知傾城與傾國，佳人難再得。」

嚴延年長得身材矮小，年少的時候學了些法律知識，昭帝時，當過侍御史，宣帝時，擔任涿郡太守和河南太守。這個人心狠手辣，在擔任太守期間，用刑嚴酷，殺人無數，被稱為「屠伯」，後來以誹謗朝廷的罪名被殺。

田延年和嚴延年是仇敵關係，兩人打過官司。田延年在地方上做官時曾因政績突出，被提拔為大將軍霍光的助手，支持霍光廢掉當了二十七天皇帝的劉賀。後來田延年因為貪污巨款的罪行暴露而自殺。

「延年」是延長壽命的意思，就像有些人起名「延壽」一樣，都希望自己長命百歲，健康長壽。不過起這個名字的人可不一定真長壽，李延年、田延年和嚴延年都沒有善終，而是死於非命。我想做人還得放寬心，多做善事，就像您說的那樣「心情愉快」才能長壽呀！

也祝您心情愉快！

本報編輯　百科四代

自學成才的路溫舒

路溫舒是鉅鹿（今河北平鄉）人，字長君，小時候家裏貧窮，沒有錢去上學，也沒有錢買書看，只能天天去放羊。每當路溫舒路過學堂時，聽着裏面的讀書聲，別提有多羨慕了。

有一天，路溫舒看到池塘邊長着一種葉子寬大的蒲草，他靈機一動——這種草的葉子用來寫字可能不錯，於是就採了一大捆背回家，用線串起來做了筆記本。路溫舒又去有書的人家借了書，回來把內容抄在蒲草上，每次去放羊的時候，他就可以帶着輕飄飄的蒲草去閱讀了。就這樣，路溫舒靠着自己的努力，珍惜一次次得到的閱讀機會，慢慢成了一個博學的人。

　　路溫舒長大後，名聲很好，被地方官向朝廷舉薦為孝廉，從而做了官。劉詢即位為帝後，路溫舒根據自己對法律條文的理解和做官的經驗，上書建議皇帝不要輕易用重刑，也不要刑訊逼供，因為這樣經常會造成冤假錯案，對受害人的傷害很大，也是不可逆轉的。就像當年的司馬遷，只是因為一句話而獲罪，造成了他一生的屈辱和痛苦。

　　皇帝看了路溫舒的奏章，雖然並不贊同他關於改革的建議，但還是下令讓官員們以後斷案要盡量謹慎公平。

我要歸順大漢

　　我是呼韓邪單于，是在匈奴多次戰敗後被推舉上來的君主。老單于被殺後，草原上的豪傑紛紛擁兵自立，竟然同時出現了五位單于。一山不容二虎，何況是五個呢？這意味着我們要決一死戰。在我好不容易打敗其他四位單于之後，沒想到我的一位族兄在東邊又自立為單于了，號稱郅支單于。這小子不顧親戚情分，竟率軍向西來攻打我。

　　雖然不願意自相殘殺，但我也只能率軍迎敵，可惜最後沒拚過郅支單于，一路往南邊敗退。我一看，再退就退到大漢了，如果繼續打下去也得被郅支單于給滅了，於是一咬牙，決定乾脆投靠大漢。甘露三年（前51年），我先派遣使者去見大漢皇帝，表達自己要投降的意思。得到同意後我便率領軍隊，帶着我管轄區域內的百姓，趕着牛羊等牲畜，浩浩蕩蕩地來投奔大漢。漢朝皇帝很熱情，在皇宮裏擺了盛大的酒筵來招待我。我趁機請求皇帝允許我們遷徙到富饒的河套地區，皇帝同意了。

　　如今找到大漢這樣的強國來庇護，我可以慢慢積蓄財富，發展勢力了。總有一天，我會回到美麗的大草原去！

（選自《呼韓邪單于回憶錄》）

廣 而 告 之

出售稻穀，史上最低價

在皇帝的英明領導下，加上風調雨順，我們大漢的糧食連年豐收。近期我們李家村有一批穀物亟待出售，原價每石八錢，現降為每石五錢。特價三天，乃史上最低價！走過路過不要錯過哦！

1. 西漢時期，深受武帝、昭帝信任的匈奴族輔政大臣是誰？

A. 郅支　　B. 金日磾　　C. 呼韓邪　　D. 霍光

2. 出使匈奴被扣押十九年，卻仍舊不屈服的人物是誰？

A. 金日磾　　B. 張騫　　C. 蘇武　　D. 鄭吉

3. 「故劍情深」的主人公是誰？

A. 劉徹　陳阿嬌　　B. 劉詢　許平君

C. 劉邦　呂雉　　D. 劉徹　趙鉤弋

答案：1.B　2.C　3.B

6

西漢末路

前四八年～二五年

◎皇帝劉奭性格柔弱，他的老師蕭望之被關進監獄，甚至含冤而死，竟然是因為皇帝不懂法?!

◎昭君出塞，為邊境的和平做出了貢獻，但是後悔不已的皇帝卻命人殺掉了給昭君畫像的人?!

◎為了能夠讓自己名正言順地執掌大權，王莽命人去捉白毛野雞來助陣?!

◎怪事多多，亂象多多。西漢的末路，一波未平，一波又起。

太子柔弱，大家怎麼看

地節三年（前 67 年）四月，皇帝劉詢的兒子劉奭被立為太子。劉奭是皇帝流落民間的時候出生的。他因母親許皇后被霍顯毒死，之後由王皇后撫養。劉奭長大後性格柔弱，待人寬厚，喜歡儒家思想，並且多才多藝 —— 他寫字漂亮，會彈琴鼓瑟，很有藝術細胞。這樣一個繼承人，對大漢是福還是禍呢？本報記者特地走訪了皇帝和各界群眾。

皇帝劉詢 💬 說實話，我不喜歡劉奭。他總是說我用刑太嚴，應該按照儒家學說來治國。唉，以後擾亂我大漢王朝的恐怕是太子劉奭了！治理國家怎能全用品德教化而不用法律呢？我們大漢有自己的制度，何必用周王朝時期的政策呢？劉奭柔弱的性格一點也不像我，我倒是喜歡另一個兒子劉欽，但是看在劉奭是我第一任皇后許平君所生的分兒上，還是讓他做繼承人吧！

蕭望之 💬 作為太子太傅，我教授太子《論語》《禮記》等儒家學說。太子品格仁厚，很好學，也很尊重我，是個好學生。但是他性格柔弱、缺乏主見，讓我有點憂慮，要做帝王的話，這種性格合適嗎？

石顯 💬 我是一個通曉法律的宦官。太子學儒家理論，對法律知之甚少，這樣我就可以鑽空子啦！而且太子性格柔弱容易擺佈，我認為這樣挺好。

長安農夫甲 💬 柔弱怎麼啦，沒聽說以柔克剛嗎？當年漢武帝喜歡四處征戰，弄得民不聊生，盜賊四起。一個柔弱的繼承人說不定會讓我們的日子過得更安穩些。劉奭，俺支持你！

- -

長安某書店老板 💬 我對這個柔弱的太子印象不太好。聽說劉奭只喜歡儒家學說。這不，讀書人成天來買儒家典籍，其他書不好賣啊！

特別報道　地震洪水頻繁，減免租稅

大家好，我是皇帝劉奭。現在是初元元年（前 48 年）夏。自從去年我即位以來，地震和洪澇災害頻繁發生。我戰戰兢兢，感到十分惶恐。現在正是農忙季節，我擔心有的地方會有百姓因為災害和貧窮無力耕種，特意佈告天下，宣佈朝廷的一系列德政措施：

1. 派遣十二位朝廷大臣走訪民間，體察民情，慰問孤寡老人、貧困戶和失業的百姓。

2. 招納各地的賢才、隱士，了解各地風俗民情。年薪兩千石的地方郡守，應該以身作則，宣傳朝廷的政策，教化人民要和睦相處。

3. 關東今年糧食歉收，許多百姓生活困難。現決定重災區免交賦稅。屬於皇家的園子、湖泊可以借給貧民使用，不收租稅。

4. 因為災區有瘟疫流行，特下令減少宮廷飲食的開支，辭退一批樂府的職員，減少御用馬匹，節省出來的財物用來賑災。

（選自《大漢參考消息》）

紀念我的同學蕭望之

我是蕭望之的同學。提到蕭望之，也許你們還不熟悉，但是一代良相蕭何你們一定聽說過。蕭何就是蕭望之的祖先。

蕭望之不但聰明，而且好學，著名的政治家、文學家夏侯勝也很賞識他。對於我們這些同學來說，蕭望之就是媽媽常提起的那個「別人家的孩子」，他一直是我們的榜樣。

蕭望之性格比較倔強。當初霍光當權時，怕有人攜帶武器刺殺他，任何人見他之前都得先被搜身，還得由兩個役吏挾持着。蕭望之對此很不滿——這不是侵犯隱私權和自由權嗎？他堅決不肯接受搜身，還勸說霍光不應該這樣做。霍光聽了很不高興，於是不再任用蕭望之。等到霍氏家族謀反被滅之後，蕭望之才逐漸得到皇帝的重用，一年之內被提拔升了三次官。這真是讓我們望塵莫及啊！

劉奭即位後，曾經當過太子太傅的蕭望之經常被皇帝召見，討論國家大事。我們這些同學本以為蕭望之會像他的祖先蕭何一樣成為丞相呢，沒想到他被一些小人給迫害了。有句俗話說得好：「寧得罪君子，也不得罪小人。」這句話放在蕭望之身上就是血淋淋的教訓啊！

蕭望之提拔上來的人中，有個叫鄭朋的。這人十分會拍馬屁。一開始蕭望之被他蒙蔽，以為他是個可用之才，等到發現這人行跡惡劣之後，就和他絕交了。鄭朋見風使舵的本事也很強，立刻投靠到蕭望之的政敵一方去，還捏造了不少罪名，說蕭望之的壞話。宦官弘恭、石顯趁此機會在皇帝跟前進言，說蕭望之太狂妄了，應該「召致廷尉」。劉奭法律學得不好，不明白這句話的意思就是要把蕭望之關到監獄裏面去，於是就答應了。等到劉奭想召見蕭望之議事的時候，才發現他在監獄裏呢，趕緊下令把他放了出來。

初元二年（前 47 年），皇帝賜爵蕭望之為關內侯，打算封他為丞相。宦官弘恭、石顯怕蕭望之掌權之後來報復他們，又在皇帝跟前進讒言，說蕭望之對皇帝有怨氣，堅決要求逮捕蕭望之，還讓士兵包圍了蕭家。蕭望之一想，自己都六十多了，還得進監獄，實在是可恥的事情，於是喝毒藥自殺了。

皇帝一聽，非常吃驚，哭泣不已，還以絕食表示哀痛。但是哭有什麼用呢？只是更顯出皇帝的軟弱罷了。我們這些同學都為蕭望之感到惋惜和傷心，曾經差一點當上丞相的人就這樣被小人給迫害死了，而那些罪魁禍首們也沒有得到應有的懲治。這個世道啊，大概要亂了。

（選自《大漢故事剪報》）

匡衡自述　我偷的不是燈光，是知識

我是匡衡，出生於一個貧苦的農民家庭。小的時候我靠幫別人做工來賺一點錢。每當看到富人家裏的藏書，我都非常羨慕，於是產生了一個想法：要是能通過學習來出人頭地就好了！

有一次去同鄉的富翁家做幫工，我對主人說：「我不想要工錢，能借您家的藏書看看嗎？」主人很慷慨地答應了，還答應以後可以借我更多的書看。我捧着書，像捧着珍寶，樂顛顛地回家了。到家後我又犯了愁——家裏貧窮，晚上沒有燈燭怎麼看書呢？借人家的書要盡快還回去呀！看到鄰居家的燈光，我靈機一動，便悄悄去他家牆上鑿出一個小洞，這樣光線順着洞透過來了。我就靠這一點點光亮來讀書。

只要一看書，我就感到精力充沛，永遠也學不夠。憑着這樣的勤奮努力，我從一個文盲小子變成了大學問家。不少儒者都讚歎說：「不要說詩，因為匡衡就要來了。匡衡說詩能讓人開懷大笑。」這說明我講《詩經》還是很有感染力的嘛！我還喜歡和別人討論問題。有一次我在一個問題上和一位老鄉爭辯起來。最終那人回答不上來了，急急忙忙地連鞋子都沒穿好就跑掉了。我追着大喊：「先生別跑，我們再重新討論一下！」沒想到那人逃得更快了，回頭衝我喊：「別追了，我詞窮了！服你了！」

我對《詩經》的研究出了名，後來還給皇帝講了一番自己的見解。皇帝非常喜歡儒學，封我為樂安侯，還讓我當丞相。我也算國家棟樑之材了！

（選自《匡衡回憶錄》）

美人馮媛勇擋黑熊

　　一般說來，後宮都是比較安全的，但是偶爾也會出亂子。這不，元帝劉奭有次心血來潮，帶着後宮佳麗們去圈養野獸的地方看鬥獸比賽，沒想到一頭大熊突然跑了出來，越過欄杆向看台上的元帝衝了過去。元帝身邊的大老婆、小老婆們紛紛掩面逃走，尖叫不已。皇帝也慌了神。這時候，一位勇敢的女子衝過來擋在元帝面前，想要保護皇帝。這位勇敢的女子就是馮婕妤。

　　馮婕妤的名字叫馮媛，是在元帝登基第二年被選入後宮的。五年之後她生下了兒子，比較受元帝寵愛。馮媛能夠勇敢地衝出來，不是因為她有什麼高強的武藝，而是憑着一顆赤誠之心。元帝事後問她：「看到熊，大家都怕得不行，你怎麼敢擋住熊呢？」馮媛回答說：「聽說野獸抓到一個人之後就不會再去追其他人了，我怕熊傷害到陛下，所以情願拚着性命攔住牠。」元帝聽了感動不已，讚歎馮媛的忠誠和勇敢，於是封她為昭儀，封她的兒子劉興為信都王。後來元帝去世，劉興被封為中山孝王，她也被尊為中山太后。

　　這次美人勇擋野獸的事跡被大學問家劉向記載於《古列女傳》，以傳揚後世。很多人都非常佩服和尊敬馮昭儀，有個人卻嫉恨在心，那就是大熊出來後只顧逃跑的傅昭儀。後來傅昭儀的孫子哀帝即位，傅昭儀成了傅太后，便羅織「詛咒罪」誣告馮媛，逼迫她喝毒藥自殺，還連帶殺害了馮家數十人。百姓都為馮家感到冤屈。幸好馮媛的孫子後來當上了皇帝，才給祖母平了反。

（選自《感動大漢人物》）

王昭君遠嫁匈奴

我想與大漢和親，請大漢皇帝批准。

朕准了，會選一位美麗的公主嫁給你。

前33年，匈奴呼韓邪單于到長安來請求和親，皇帝打算從宮女中選一位，以公主的名義嫁過去。

那裏習俗習慣和咱們有很多不同，去了就是過苦日子啊！

嫁給匈奴人離家太遠了，聽說氣候也不好，多傷皮膚啊！

有位叫王昭君的宮女勇敢地站出來，表示願意嫁給呼韓邪單于。

果然是一位貌美如花的公主，我好幸運！

原來我後宮有這樣的美女，怎麼以前都不知道呢？都怪畫師毛延壽！

奴婢向陛下辭行。

不管元帝是否後悔，王昭君都要跟着呼韓邪單于去漠北啦！昭君帶着豐厚的嫁妝，在我朝和匈奴雙方官員的護送下，千里迢迢來到了漠北，受到了當地人民的熱烈歡迎。

在這之後的六十多年間，大漢和匈奴都沒有發生戰爭，雙方開通了貿易往來，用買賣的方式來互通有無。王昭君為民族和平做出了巨大貢獻，她的美名定會流傳千古。

匈奴人民欢迎您

多虧了王昭君，我們才能有現在的和平啊！

是呀是呀！

天子換人，奸臣下台

石顯

向大家通告一個不幸的消息：竟寧元年（前33年）五月，元帝病逝於未央宮，年僅四十三歲。作為元帝最寵信的宦官，我表示十分哀痛。

☐ 新帝劉驁：你是應該哀痛，因為我可不會像先帝那樣寵信你了！

删除｜回覆

☐ 匡衡：你做的壞事太多了，現在沒有靠山，害怕了吧？　　删除｜回覆

☐ 甄譚：同上。　　删除｜回覆

☐ 匡衡：善於高智商犯罪的宦官石顯罪行累累，大家都來揭穿他吧！

舉報地點：丞相府。　　删除｜回覆

☐ 新帝劉驁：支持！　　删除｜回覆

☐ 甄譚：作為御史大夫，我早就準備好舉報材料啦，這就去！　　删除｜回覆

☐ 石顯：你們……你們這是污蔑我，我表示強烈抗議！　　删除｜回覆

匡衡

經過大家的共同努力，石顯的罪證確鑿，我已經把材料遞交給皇帝了，相信壞人會得到應有的處罰！@ 新帝劉驁

☐ 新帝劉驁：石顯作惡多端，但是看在他輔佐先帝那麼多年的分兒上，我

不殺他，免除他的職位，攆他回家養老吧！　　删除｜回覆

☐ 甄譚：皇帝英明！聽說石顯在回家的路上就病死了，也算惡有惡報。

刪除｜回覆

☐ XXX：匡衡，當初先帝在位的時候你不揭發石顯，現在來放馬後炮，不是君子所為！

刪除｜回覆

☐ 着：匿名的 XXX，你只會說匡衡，當初你怎麼不舉報石顯？ 刪除｜回覆

☐ 匡衡：我承認自己膽子小，當初沒敢舉報石顯。那位匿名的先生說得很對，所以我決定辭去丞相一職，讓更賢明的人來接替我吧！ 刪除｜回覆

☐ 皇帝劉驁：我覺得你很適合當丞相，不想讓你辭官，但是最近有人舉報你利用職務之便侵佔國家土地，所以……

刪除｜回覆

☐ 甄譚：匡衡先生，你不當官也是我心中的偶像！ 刪除｜回覆

知情爆料 ## 皇帝掐死親生子

　　俗話說：「虎毒不食子。」但是現在卻有一樁慘案：皇帝劉驁為了討好小老婆，把親生子給掐死了！事情究竟是怎麼發生的呢？下面讓我們看看記者從漢宮宦官小六子那裏得到的確切消息。

　　皇帝劉驁喜歡遊樂，沒事就帶親信出門溜達。這一天，他出來玩兒的時候在陽阿公主家發現了一個大美女，就把她給帶回皇宮，封為婕妤了。這位美女的名字叫趙飛燕，出身不好，是個私生女。父母嫌棄她，就把她丟棄了。沒想到三天後她還活着，趙飛燕的母親感到很驚奇，就把她撿回去了。

長大後，趙飛燕和她的妹妹趙合德在陽阿公主府上做舞女，因為善於歌舞和琴藝而出名。趙飛燕人如其名，身輕如燕，腰肢纖細，長得很苗條。有一次，她跳舞時差點被風颳到池子裏，皇帝劉驁怕趙飛燕真的被風颳走，還給她建了個「七寶避風台」。

趙飛燕成為婕妤後，向皇帝推薦了她的妹妹，於是姐妹倆都得到了寵愛。為了這姐妹倆，皇帝把原來的皇后廢掉，封趙飛燕當皇后，趙合德為昭儀。姐妹倆倚仗着皇帝的寵愛任意妄為。她們自己不能生育，就嫉妒生了兒子的許美人。趙合德大哭大鬧，讓劉驁掐死了親生子。從此以後，劉驁就再也沒有兒子了，他的皇位繼承人也只好讓他的姪子來做了。皇帝當到這個份兒上，我們老百姓都替他感到羞愧啊！

（選自《漢宮秘聞雜誌》）

時政新聞　王鳳權勢大於天

王鳳是皇帝劉驁的舅舅，權勢在王氏家族中也是一流的，朝廷大事都需要他來決斷。這樣一來，皇帝清閒得很，開會的時候也就是在一旁聽聽看看而已。

皇帝雖然喜歡玩樂，但是偶爾也會和臣子聊聊天。有一天他召見了大學問家劉向的兒子劉歆，和他談談文學，聊聊詩賦。

劉歆知識淵博，不但精通文學創作和諸子百家的理論，對數學和周易也研究得很明白，屬於各科全能的大才子。皇帝和他一聊，不禁感歎：「你太有才了！」就想提拔他做中常侍，沒想到剛要下命令給劉歆做官服，身邊的近侍就阻止他，說：「您還沒問王鳳大人這樣做可不可以

呢！」皇帝一想，這麼點小事情，王鳳還能不答應嗎？於是就去問王鳳，沒想到王鳳還真的不答應。皇帝也很無奈，覺得自己很沒面子，但是對於囂張的王鳳他既沒魄力去指責，也沒有辦法去壓制王家的權勢。

（選自《漢宮畫報》）

傅太后大戰王太后

人們都說，有人的地方就有江湖，有女人的地方就有爭鬥。漢宮裏自然少不了女人的內鬥了。

傅太后和王太后是怎麼明爭暗鬥起來的呢？這得從王太后的兒子成帝劉驁說起。劉驁沒有子嗣，所以就從親戚中挑選繼承人。太子人選有兩個，一位是皇帝的弟弟中山孝王劉興，一位是皇帝的侄子定陶王劉欣。劉興學習不好，皇帝問他問題他都答不上來，吃飯的時候也表現得粗魯沒有教養；相反，劉欣對答如流，彬彬有禮，顯得很有才華。劉欣的祖母傅太后又偷偷賄賂了後宮得寵的趙飛燕，讓她在皇帝跟前說了不少劉欣的好話，於是劉欣就被過繼為皇帝的兒子，立為皇太子。

綏和二年（前 7 年）成帝病故，劉欣繼承了皇位。這回漢宮一下子有了兩位太后和兩位太皇太后，十分熱鬧。這四位是皇帝自己的母親丁氏、祖母傅氏、養母趙飛燕、名義上的祖母王政君。劉欣即位後，提拔了一批傅氏家族和丁氏家族的人當官。傅太皇太后看自己的孫子有出息了，當皇帝了，就不把王太皇太后放在眼裏，在後宮見到王太皇太后冷嘲熱諷的，令王太皇太后十分生氣。王太皇太后的侄子王莽當時擔任大司馬，一向很善於討好王太皇太后，就想挫挫傅太皇太后的銳氣。

在一次宴會上，侍者把傅太皇太后的座位安排到王太皇太后身邊，王莽見了不高興地說：「傅太皇太后哪能和真正的太皇太后相提並論？」於是讓人把傅太皇太后的座位安排到側面。傅太皇太后知道後大怒，就回去跟孫子告狀，並發動家族勢力，逼迫王莽辭職。王莽跑到自己的封地隱居起來，閉門不出。傅太皇太后大戰王太皇太后，這一回合是傅太皇太后贏了。

傅太皇太后會一直笑到最後嗎？恐怕未必，王氏家族是不會坐以待斃，讓傅氏家族取代的。再說王莽也不是省油的燈，他一定會回來的。

（選自《大漢家族逸聞雜誌》）

記者觀察 白毛野雞成祥瑞

　　據民間動物保護協會人士講，元始元年（公元 1 年）春，王莽用白毛野雞來祭祀太廟，傷害了珍稀動物。白毛野雞因為數量稀少，歷來是被當作吉祥物看待的。

　　王莽聲稱，這隻白毛野雞是和另外兩隻黑毛野雞一起被少數民族部落越裳氏進貢來的。但是據本報線人講，用白毛野雞來祭祀，王莽蓄謀已久。白毛野雞其實是王莽自己派人去越裳部落捉回來的，並不是人家主動進貢的。之所以要捉白毛野雞，是因為當年以輔政出名的周公姬旦曾經得到過越裳部落進貢的白毛野雞，王莽想讓大家認為自己和周公一樣，都有卓越的輔政才能。

　　王莽因為得到了王太皇太后的信任，平時又善於結交群臣，所以權勢很大。大臣們一看到王莽弄來了白毛野雞，紛紛拍馬屁。有的人就對王太皇太后說：「當初得到白毛野雞的姬旦被封為周公，王莽這樣的人才應該被封為『安漢公』。」王太皇太后有點疑惑：「為什麼要給王莽加封呢？你們是看我的面子，還是王莽真有什麼功勞？」大臣繼續說：「當然是因為王莽自身有功勞啊！您看白毛野雞這樣的祥瑞物是一般人能招來的嗎？」於是王太皇太后就下令籌劃給王莽加封。

　　王莽得知消息，稱病躺在牀上不上朝，再三辭讓，假裝自己不想受

封號。太皇太后身邊的人說：「看來王莽是真心辭讓啊！還是賞賜其他輔佐大臣吧。」王莽一聽着急了，趕緊起來說自己病好了。大臣們又極力推薦了幾次，王莽才「勉為其難」地接受了封號，但是他沒有接受增加的兩萬多戶食邑。王莽對太皇太后說：「等到百姓生活都富足了，再給我這些賞賜吧！」由此可見，相對於財富來說，王莽更喜歡好名聲。

一隻白毛野雞犧牲了，王莽藉牠的光成為「安漢公」，不知道這隻野雞在天之靈安樂否？

平帝去世

平帝劉衎（音同看）於居攝元年（6 年）冬去世，年僅十四歲。他九歲登基，十二歲娶王莽的大女兒王嬿為皇后。

平帝在位期間，太皇太后王政君親臨朝廷處理政事，王莽掌握政權，平帝本人空有皇帝的稱號。平帝的死因撲朔迷離，有人說他是被王莽毒死的，也有人說他是心臟病突發而死。讓我們為這個十四歲就夭折的少年哀悼吧！

新聞快訊　假皇帝與真太子

在白毛野雞之後，某地又出現了「祥瑞」。據武功縣縣長孟通宣稱，他在挖井時挖到一塊大石頭，上面圓下面方，最神奇的是上面還寫着幾

個紅色大字:「告安漢公莽為皇帝」!王莽讓大臣們把這件事告訴王太皇太后,太皇太后一聽,才了解到王莽的野心 —— 這小子想當皇帝!雖然太皇太后比較偏向自家人,王莽又一直表現得很是孝順,不過這件事觸犯了太皇太后的底線,她還是維護劉氏家族正統地位的。太皇太后嚴厲斥責道:「這種偽造天意的事情休想騙得了我!」

王氏家族的人對太皇太后說:「這已經是大勢所趨,我們也阻止不了啊!」太皇太后無可奈何,只好下詔讓王莽做「攝皇帝」,意思是做代理皇帝,代替皇帝攝政。王莽得償所願,穿上了龍袍,戴上了皇冠,接受百官的朝拜,和天子沒有區別。到了初始元年(8年)十二月,王莽宣佈取代漢朝成立新的帝國,改國號為「新」,立漢宣帝年僅兩歲的玄孫劉嬰為皇太子,號為「孺子」,所以劉嬰又被稱為「孺子嬰」。太子是正統漢室血脈,皇帝卻姓王,所以大家都偷偷議論:「這不是假皇帝與真太子嗎!」

王莽自立為帝後,向王太皇太后要漢皇的玉璽。王太皇太后氣得淚流滿面,把玉璽狠狠地摔在了地上,從此以後玉璽就缺了一個角。王莽拿到玉璽,感到腰桿直了,說話有底氣了,於是宣佈要進行大改革。他能否讓百姓走出水深火熱的生活呢?讓我們繼續觀察下去吧!

記者述評 | 王莽改制,亂上加亂

新帝王莽野心勃勃,為了緩和社會矛盾,化解危機,他宣佈在很多方面要進行改革。以下為主要改革內容和效果:

一、改革官員制度。將周朝的官制和大漢官制相結合,中央設置四

輔、四將、三公、九卿和六監；全國分為九州，共一百二十五郡。除此之外，王莽還多次更改地名和官職的名稱，比如改「長安」為「常安」；將管理農業的「大司農」改為「羲和」，後來又改為「納言」。百姓和大臣們被改來改去的地名和官職名稱弄得暈頭轉向，老百姓寫信都不知道該寫哪個地名。

二、改革土地制度。在王莽心中，周朝的大概就是好東西。他仿照周朝推行井田制，還宣佈天下的土地都是「王田」，禁止土地買賣。如果有誰的土地超過九百畝，就要將多出的土地上交國家，其他的平分給本族人耕種，違背法令的人將被流放做苦役。推行井田制就要把土地收歸國有，但是目前大多數土地都在地主豪強手裏。他們不甘願交出土地，於是紛紛造反，天下更亂了。

三、改革奴婢制度。王莽下令禁止人口買賣，目的是讓平民多一些，奴隸少一些，這樣國家才能多一些勞動力。可制度推行下去後，本來天災連連的地區，百姓無法賣身為奴，更活不下去了，於是不少人就成為盜賊，靠打劫為生。

四、改革貨幣。王莽廢除漢朝的五銖錢，發行了金、銀、龜、貝、錢、布六大類二十八種貨幣。貨幣名目繁多而且越來越貶值，老百姓得背一袋子貨幣去市場買東西，十分不方便。大家苦惱地說：「我們好像回到原始社會了，龜殼和貝殼竟然又變成了貨幣。」

五、改革對少數民族的封號。王莽認為少數民族首領不應該稱王，封他們為侯就不錯了，於是派使者去匈奴等部落收回原來朝廷發的印璽，換給他們印章。匈奴單于覺得不對勁，想要回印璽，但使者卻把它弄碎了。單于大怒，起兵造反。王莽指揮軍隊不得當，百姓死傷無數。

王莽改制，越改越亂，天下百姓紛紛起義造反。那些對漢朝皇帝失望卻寄希望於王莽的人，現在應該看清楚王莽的真面目了——他空有理想，卻沒有實際才能和手段，更沒有大局觀啊！

（選自《大漢政務觀察》）

新帝王莽簡歷

王莽，男，字巨君，漢族。生於元帝初元四年（前 45 年），出生地魏郡元城（今河北省大名縣東），是新都哀侯王曼的第二個兒子（王曼沒被封侯就去世了），也是孝元皇后王政君的侄子。

前 35 年— 前 27 年	王莽家境清寒，他勤儉節約，刻苦讀書，樂於助人，是個「三好學生」。
前 27 年— 前 21 年	王莽是個道德模範。哥哥去世後，他擔起了照顧母親和哥哥的妻兒的責任，對待親人細心關懷，恭敬有禮。在伯父大司馬王鳳病重時，他親往照顧，不論晝夜衣不解帶地陪護在病牀前，幾個月後累得蓬頭垢面。王鳳十分感動，託付妹妹孝元皇后王政君善待王莽。
前 21 年— 前 1 年	王莽謙恭待人，樂於結交賢士，為了資助他人使得自己家徒四壁，聲望很高。他的叔叔王商聯合當時的賢者上書請求皇帝給王莽封侯。永始元年（前 16 年），王莽被封新都侯，食邑一千五百戶，這是他發跡的起點。三十八歲時，王莽擔任大司馬一職。王莽在任職期間依然生活簡樸，把財物都用來款待名士。劉欣即位後，王莽卸職隱居；劉欣去世後，隱退封地的王莽捲土重來，依然擔任大司馬。
前 1 年— 11 年	執掌朝政，獨斷專權。初始元年（8 年）十二月自立為帝，結束了西漢的統治。王莽在位期間，兢兢業業，日理萬機，非常勤政。但是他做事過於理想主義，用人不當，改制失敗，導致了天下的叛亂。
11 年— 23 年	民不聊生，天下盜賊、叛軍四起。地皇四年（23 年）起義軍攻入長安，王莽被殺。

（選自《皇家秘密檔案》）

失 物 招 領

誰丟了刀幣

始建國元年（公元 9 年）三月十九日，本人在長安城北門拾到刀幣一兜。這刀幣是新帝王莽改革後製造的，上面寫有「一刀平五千」字樣。請失主速與本人聯繫。

聯繫方式：通過《中國歷史報》編輯諮詢即可。請失主先描述清楚裝刀幣的布兜顏色及花紋。

聯繫人：胡大朗

廣 而 告 知

招兵買馬

失去家園的農民朋友注意了！你是否掙扎於飢餓之中？你是否對朝廷忍無可忍？你想在亂世有一番作為嗎？你想將來成為開國功臣嗎？參加我們的農民起義軍吧！王侯將相寧有種乎！讓我們推翻黑暗的王莽統治，團結起來抗擊朝廷吧！請有意者到綠林山報到。暗號：綠林好漢。

綠林赤眉起義

　　王莽的改制造成了社會的混亂，各種災害也跟着火上澆油，旱災、蝗災、瘟疫、黃河改道等災害使得本來貧苦的人民活不下去了。各地農民紛紛揭竿而起，大河南北戰火紛飛，起義軍中以綠林軍和赤眉軍兩股勢力最強。地皇四年（23年），綠林軍擁立漢朝皇室子孫劉玄為帝，年號「更始」。同年綠林軍攻入長安，混亂中王莽被一個商人殺死，新朝從此宣告結束。更始三年（25年），赤眉軍攻入長安，更始帝劉玄被殺。

　　水能載舟亦能覆舟，百姓的意願不可忽視，農民兄弟的力量也不可小看啊！

（選自《大漢軍事觀察報》）

學者揚雄多部作品出版發行

作者簡介

姓名	揚雄，也寫作楊雄。據說他本姓「楊」，為了標新立異才改寫成「揚」
家境	貧寒
性格	低調，不善言談
偶像	司馬相如、屈原

缺點	口吃
優點	好學、善於寫辭賦
職業	王莽稱帝後，任職於天祿閣，負責校對書籍

出版書目

辭賦類著作	《甘泉賦》《羽獵賦》《長楊賦》《反離騷》（前三本書仿司馬相如的文風，第四本仿屈原《離騷》的形式）
儒學典籍	《法言》（仿《論語》所作）
哲學類著作	《太玄》（仿《周易》所作，內容涉及天文曆法）
語言學著作	《方言》（有史以來第一部方言比較詞彙集，總彙了從先秦到漢代兩個時代的方言）

編後記 💬揚雄先生是繼司馬相如之後最為出色的辭賦大家。他博學多才，對哲學、天文曆法、語言學也很有研究。揚雄的作品極具收藏價值，大家不要錯過哦！

1. 蕭望之是誰的太子太傅？

    A. 劉詢　　B. 劉奭　　C. 劉驁　　D. 劉欣

2. 遠嫁匈奴，為兩族和平做出卓越貢獻的是誰？

    A. 楊玉環　　B. 貂蟬　　C. 王昭君　　D. 王政君

3. 誰的改制沒有成功，卻導致天下大亂？

    A. 王鳳　　B. 王商　　C. 王立　　D. 王莽

答案：1. B　2. C　3. D

7

劉秀開國

二五年～八八年

◎「牛背上的開國皇帝」劉秀走上了歷史舞台。據說他性格和善，樂於納諫，待人推心置腹，勤於政事，讓我們一起來圍觀吧！

◎強項令秉公執法，皇帝姐姐的面子也不給！皇帝劉秀會怎樣處置他呢？

◎有位將軍被士兵們昵稱為「大樹將軍」，他和大樹有什麼關係呢？

◎班彪續寫《史記》，班固開始撰寫《漢書》；班超投筆從戎出使西域，出色地完成了任務；班昭入宮教皇帝的老婆們讀書……班氏家族人才濟濟，他們怎麼那麼有才呢？

牛背上的開國皇帝（特約嘉賓：劉秀）

　　重大新聞，新一屆大漢領導人產生啦！更始三年（25 年）六月，起義軍領袖劉秀在鄗縣（今河北柏鄉北）的千秋亭即位，改年號為建武，十月的時候定都洛陽。因為劉秀是大漢皇室後裔，所以國號仍然用「漢」。

　　說起劉秀這位皇帝，他的人生跌宕起伏，充滿傳奇色彩。為了讓大家更了解劉秀，本報記者對他進行了專訪，以下為採訪內容。

記者　皇帝您好，聽說您出身平民，是這樣嗎？

劉秀　是的，我祖上本是大漢皇室子孫。到了我們這一代，因為王莽的改革，家族的爵位和封地都沒有了，所以屬於平民。

記者　您年少的時候都做過什麼工作呢？

劉秀　父親去世得早，我九歲的時候被叔叔收養，學習種莊稼。後來又去長安讀書，回來之後做商人，買賣糧食。

記者　大家說您是「牛背上的開國皇帝」。您能說說是怎麼回事嗎？

劉秀　說起來有點不好意思。剛開始我們組建起義軍的時候，缺少馬匹和武器，有一次我只好騎着水牛打仗。沒想到大家都知道了啊！

記者 在成為帝王的過程中，哪些事是讓你覺得最遺憾的？

劉秀 最讓我遺憾的是，我的不少親人在戰爭中死去了，這其中包括我的二姐和三個外甥女、我的二哥、我叔叔的兩個兒子……唉，還有後來被更始帝劉玄殺害的大哥劉縯（音同演）。雖然我因為戰爭取得了皇位，但是我最不喜歡的就是戰爭了。

記者 對未來你有什麼計劃？

劉秀 我計劃先消除各地割據，把大漢統一了，然後整頓內政，平穩局勢，讓百姓過上安心的日子。

記者 看來劉秀是一位比較有人情味的皇帝，希望大漢王朝在他的帶領下能蒸蒸日上！

（選自《大漢記者訪談錄》）

時政辭典 「後漢」和「東漢」

為了和王莽篡位前的漢朝相區別，我們稱從劉秀之後的漢朝為後漢。又因為劉秀定都洛陽，而不是長安（洛陽在長安東方），我們又把現在的漢朝稱為「東漢」，把以前的漢朝稱為「西漢」。所以，「後漢」和「東漢」其實是一回事啦！

劉秀以誠待人得馬援

　　劉秀稱帝後，大漢還沒有統一，仍然有些地方豪強稱王稱霸。在蜀地有公孫述自稱皇帝，在隴西有隗囂自稱大將軍。隗囂實力不足以稱帝，想投靠一個有能力的人，於是派手下心腹將領馬援去觀察一下劉秀和公孫述這兩位皇帝，看看誰更賢明。

　　馬援和公孫述是老鄉，過去還有點交情，於是他先去拜見此人。沒想到，公孫述沒把馬援當老鄉來招待，而是擺起了皇帝架子，先讓威猛的武士站在大殿兩邊，才讓馬援觀見。在這之後又讓他到宗廟去開會，當着文武百官的面，公孫述表示要封馬援為大將軍，給他以貴族侯爵的身份。馬援手下的人聽了都很高興，勸他留在公孫述這邊不要走了。馬援卻搖搖頭：「公孫述這人像井底之蛙，天下還沒統一呢，他倒是擺譜擺得厲害，把自己弄得像個華麗的木偶，卻不注重招攬人才，這不是明君的樣子啊！」

　　馬援向隗囂稟報了在公孫述那裏的見聞，隗囂一聽，決定投靠劉秀，於是派兵攻擊公孫述的軍隊，獲得大勝後把消息告訴劉秀。劉秀很高興，去信對隗囂大加讚揚。為了進一步拉攏關係，建武四年（28 年）隗囂派馬援帶着書信去拜見劉秀。劉秀沒有擺排場，穿着便服，只紮着一塊頭巾，在宮殿的側室親切地迎接馬援。

　　馬援見劉秀態度和藹，就開玩笑地說：「您不怕我是刺客嗎！怎麼身邊不安排幾個衛士呢？」劉秀一笑：「我知道你是個光明正大的人，不會做那種事。」馬援十分佩服：「天下這麼多稱帝的人，唯有您才是真正的天子。您的氣度比得上當年的漢高祖了。」

　　經過幾天的交談，馬援被深深地折服了，回去之後帶着全家去洛陽

投靠了劉秀，之後又被封為伏波將軍，多次取得戰功，到了年邁的時候還去領兵打仗。馬援說他自己「老當益壯」，希望能夠「馬革裹屍」，死在戰場上。他的豪情真令人欽佩。

（選自《大漢參考消息》）

人物
述評 # 大樹將軍馮異

　　跟隨劉秀打天下的將領中，有位將軍被稱為「大樹將軍」，這是士兵們對他的昵稱。這位將軍就是馮異。他為人低調不貪功勞，每當回顧戰役過程的時候，將領們都爭先恐後地炫耀自己的功勞，只有馮異悄悄離開人群，躲在附近的大樹下面坐着。他對待士兵也很好。劉秀重新整合軍隊的時候，允許士兵按照心願選擇自己喜歡的將領，很多士兵都說：「希望能成為大樹將軍的部下！」所以劉秀很敬重他。

　　馮異原本是王莽那邊的官員。他出來微服私訪的時候，被劉秀手下人給捉住，後又被劉秀降服，成為起義軍中的一員。馮異在劉秀處於困境的時候仍然跟隨他，那時候劉秀的哥哥被更始帝劉玄殺了，劉秀卻不能報仇，只是晚上偷偷地哭，淚水把枕席都濕透了。馮異常常開導劉秀，勸他不要那麼悲傷。

　　有一次劉秀躲避敵人，帶屬下走小路繞道而行。當時正是冬季，北風呼呼地吹，大家飢寒交迫，劉秀餓得眼前發花走不動路了。馮異想辦法煮了熱乎乎的豆粥給劉秀喝，才讓他恢復過來。後來走到半路，他們又遇到了暴風雪，幾人找到路邊一個空屋子進去避風雪。馮異弄來柴火，又煮了一點麥飯給劉秀吃。

多年之後，劉秀還記着馮異為他煮豆粥麥飯的恩情。在分封功臣之後，有人告發馮異，說他要自稱咸陽王，劉秀不僅沒有相信，見到馮異後反倒安撫了一番，令馮異十分感動。

（選自《雲台二十八將之馮異》）

聚焦熱點　皇帝請客，其樂融融

劉秀當皇帝後，經常請功臣們進宮吃飯喝酒，聊天，營造了君臣相得的和諧氣氛。這些功臣們有的是劉秀的同學，有的是他的同鄉，還有後來投靠他的。劉秀有一次開玩笑地說：「假如你們沒有跟着我打天下，那麼現在會當個什麼官呢？」喜歡喝酒的馬武說：「我這麼勇敢，應該能當個軍尉去抓盜賊。」劉秀哈哈大笑：「你可別自己當了盜賊，被人給捉去了哦！」

當年高祖劉邦平定天下後殺了不少功臣，後人對他的這種做法不以為然。劉秀吸取教訓，他一步步收回功臣們手中的兵權，削弱他們的勢力，但是又多有賞賜，給他們優厚的生活條件。年輕有為的將領耿弇（音同演）的父親、弟弟和姪子都是有功勳的大將。劉秀對耿弇說：「有志者事竟成，你立下的功勞就像當年的淮陰侯韓信一樣大，但是我一定不會像高祖對待韓信那樣對待你的！」後來果真如此，劉秀雖然收回了耿弇手中的大將軍印綬，但是遇到國家大事，還會去找他商議。

（選自《洛陽時報》）

劉秀納諫二三事

劉秀樂於納諫，知錯能改，令人稱道。以下是有代表性的幾件小事。

劉秀回不了家啦

皇帝的生活比較枯燥。為了找點調劑，不少皇帝都喜歡到皇家園林中打獵。劉秀在平定天下後就迷上了這項活動。

有一天，劉秀帶着隨從圍獵回來，天已經晚了，城門關上了。劉秀讓屬下去叫人開門，卻被東城門候郅惲拒絕，說是天黑看不清城外是什麼人。劉秀沒辦法只好繞遠從東中門進了城。

第二天，郅惲（音同運）上奏說：「以前的文王心繫天下，不敢以圍獵取樂。您現在卻沉迷於此，夜以繼日地在外面玩樂。我為皇帝感到擔憂。」劉秀聽了臉一紅，覺得郅惲說得有道理，本來有點氣憤的心也就平靜了。他下令賞賜郅惲一百匹布，卻把在東中門給他開門的人降職貶官了。

桓譚被嚇得彈琴走調

　　大司空宋弘為劉秀推薦一個叫桓譚的人當議郎，為皇帝出謀劃策。劉秀得知這個人善於彈琴，非常高興，經常召他來演奏。

　　有一次劉秀召集大臣開會，讓桓譚在一邊彈琴。宋弘見了很不高興，狠狠瞪了桓譚一眼，桓譚被嚇了一跳，心中忐忑，琴聲就走調了。劉秀看桓譚戰戰兢兢的樣子感到很奇怪。

　　沒等桓譚解釋，宋弘離開座位躬身道：「皇帝，我舉薦桓譚是讓他用智慧輔佐君主的，而不是讓他彈奏些靡靡之音，做這些無用之事。他的過錯也是我的失誤，請懲罰我吧！」劉秀聽了覺得很慚愧，從此再也不讓桓譚彈琴了。

喜歡看美女是不對的

宋弘是個直性子的人，經常當面指出劉秀的過失。這一天，劉秀正和宋弘商討政事，宋弘突然說：「您怎麼這麼喜歡看美女啊？宮裏屏風上都畫有美女，您開會時還不時地瞅瞅。要是您欣賞德行像欣賞美女一樣就好了。」劉秀也不生氣，當場就讓人把屏風撤去，笑呵呵地回答：「聽到有道理的話，我就服從。這樣也算是有德行了吧！」

信件轉載

給同桌的一封信

親愛的同桌：

近來生活怎麼樣？一定還是那麼忙吧？要注意身體啊！好久不見，嚴光特意寫信來問候您。

很感謝你還記得我這個老同學。聽說你為了找我費了很多心思，可我的志向不在於做官，而在於山野之間。洛陽一別，以後怕是都沒有機會相見了。

想當年我們一起在長安上學，研究學問，討論國家大事，那是多麼美好的年華啊！咱們的同學鄧禹人送外號「小神童」，他幫了你不少忙，二十四歲就做到大司徒，還被封了侯。有人勸我說：「一人得道，雞犬升天。劉秀做了皇帝，你為什麼不去投靠他呢？看看人家鄧禹現在多風光啊！」雖然我自認還是有些才華的，但是相對於大漢公務員的身份，我更喜歡沒事兒去耕耕田、釣釣魚，享受平靜的生活。有的時候，平靜也是一種奢侈，相信你能有體會。

寫到這兒我又想起來前年去洛陽時的糗事。你派人找到我之後，多次邀請，盛情難卻，我只好去洛陽拜見你。住在朝廷接待客人的館舍裏，我早上賴牀不想起來，沒想到你竟然親自來見我。多年不見，我還是那樣懶散，倒是讓你見笑了。後來咱們聊得很開心，晚上我留宿宮中，和你睡在一張牀上。我睡相不好，早上醒來發現自己把腿擱在你肚皮上了。呵呵，不知道你那晚有沒有做噩夢。感謝你沒有治我「欺君之罪」啦！後來你想讓我當諫議大夫，我也沒答應，還是到富春山去隱居了，不好意思，辜負了你的一片心意。

最近我釣魚技術有所長進，不過釣上來的大多是小魚。後來我看魚小的就放掉，魚大的就留下。這和你治國大概有異曲同工之妙。俗話說，創業難，守業更難。你剛開始治國的時候，一定很辛苦，但也不必什麼都親力親為，大事把握好方向就可以啦！

最後祝你身體健康，漢室基業萬古長存！

此致

敬禮

同桌　嚴光

建武三年（27 年）六月於富春山

（選自《光武帝書信集》）

「強項令」董宣

最近洛陽有位縣令大大出名了，他就是董宣。皇帝劉秀給他起了個外號叫「強項令」，意思是脖子很硬，很有骨氣的縣令。到底是因為什麼呢？我們的記者經過走訪調查了解到事情的經過。

董宣性格剛毅，縣令雖然是個不大的官，但是他十分認真負責，不管是誰，違法必究。有一天，有人告發湖陽公主手下有人仗勢殺人，董宣立刻派人前去逮捕，可犯下命案的人躲在公主家裏，誰也不敢進去捉拿。董宣想了個主意，他趁着公主出門的時候，攔住她的車駕，把逃犯從公主車上拽下來，馬上殺了。木已成舟，公主想護着那個人也辦不到了，她十分生氣，覺得董宣不給她面子，就進宮找皇帝告狀。

湖陽公主把過錯都推到董宣身上，皇帝一聽大怒，讓人把董宣帶進宮，要把他亂棍打死。董宣大喊：「請給我說一句話的機會！」皇帝答應之後，董宣問：「放縱手下人去殺人，難道對嗎？國家這樣治理，能行嗎？我不用您制裁了，自己撞死好啦！」說完就去撞宮殿裏的柱子。

皇帝一看，又後悔又驚慌，趕緊讓人拉住他，不過董宣還是受了傷，血流滿面。了解事情的經過之後，皇帝覺得董宣確實沒錯，不過為了安撫公主姐姐，還是讓董宣給她磕頭道歉。誰知董宣梗着脖子就是不低頭認錯，即使身邊的侍者壓着他的腦袋也不行。

湖陽公主在一邊看着，對皇帝說：「你這個做皇帝的，怎麼連個縣令也管不了？」皇帝笑着說：「皇帝責任重大，做事不能隨心所欲嘛！這個強項令，脾氣真倔啊！」過後，他表彰董宣執法如山，不畏權勢，還給了不少賞賜。

（選自《大漢故事剪報》）

盤點深受百姓愛戴的官員們

東漢初期有一些官員深受百姓愛戴，美名遠揚。下面我們來盤點一下。

（一）孔奮

孔奮在河西的姑臧縣擔任地方長官。河西當時很安定，姑臧的百姓因為可以與西部各族通商而比較富裕，在孔奮之前的官員，不到半年就能依靠職務之便獲取很多錢財。孔奮在姑臧做了四年官，卻始終粗茶淡飯，過着清正廉潔的簡樸生活。百姓們敬仰他，同僚們卻都嘲笑他，說他身在油罐裏卻不知道怎麼揩油。

（二）寇恂

寇恂（音同尋）能文能武，被劉秀讚為蕭何一樣的人物。他在汝南當太守時，注重抓教育，在各鄉修建學校，聘請能講《左傳》的人來給學生教課。他有空的時候也去聽講。後來潁川等地盜賊四起，劉秀就讓寇恂跟着他去平定潁川。軍隊剛到那裏，叛軍就全部投降了。當地百姓攔住皇帝的車駕，高喊道：「請陛下再把寇恂借給我們一年！」於是劉秀就把寇恂留在潁川郡的長社縣，讓他幫忙鎮守和安撫百姓，處理接納那些投降的叛軍。

（三）耿純

耿純跟着劉秀多年，立下不少功勞。在平定真定王劉揚的叛亂之後，他請求皇帝派他到地方任職，劉秀就讓他擔任東郡太守。剛開始東

郡還有一些小的動亂，在熟悉軍事的耿純到了之後，很快就被平定，百姓過上了安定的生活。耿純在東郡當了四年太守，深受百姓愛戴。後來他離開東郡，再次跟隨劉秀打仗路過這裏時，百姓們眼淚汪汪地跟着皇帝的車駕，請求把耿純留下。劉秀沒想到耿純打仗厲害，處理政務也這麼好。後來戰事結束後，劉秀又讓耿純到東郡去做太守，當地百姓為之歡呼雀躍。

（四）郭細侯

　　郭細侯名叫郭伋，細侯是他的字。他在建武年間，先後擔任中山、漁陽、潁川等地的太守，政績卓越，為百姓愛戴。建武十一年（35年），他又去并州擔任并州牧，受到百姓們的夾道歡迎。郭細侯關心百姓疾苦，聘用有才有德的人做官，對待工作一絲不苟，十分負責。有一次郭細侯去西河美稷時，竟然有上百名兒童騎着馬在路上迎拜他。等郭細侯辦完事回去的時候，那些兒童又把他送到城外。郭細侯的人格魅力，由此可見一斑！

（選自《大漢臣子言行錄》）

調查報告裏出現「小紙條」

劉秀平定天下後，想讓老百姓都能安居樂業，於是削減政府官員，節省開支，鼓勵農耕，興修水利，還六次下詔釋放奴婢。建武十五年（39年），皇帝下詔命令各地做一次土地和人口的調查，要求丈量土地，核實戶口。西漢末年以來，豪強地主兼併土地現象嚴重，不但危害平民百姓的利益，也威脅着皇權。皇帝想讓這次調查作為糾正土地分配不均和賦稅過重的依據，那些多佔土地、侵擾貧民的，就得受到處罰。人們稱這次調查為「度田令」。

劉秀對各地交上來的調查報告都親自審閱。這一天，皇帝發現有份報告裏有一行小字備註：「穎川、弘農兩地可以去調查，河南、南陽兩郡不能查。」皇帝不明白這是什麼意思，問管理文書的官員，他也說不知道。這時候皇帝的兒子劉莊在一邊說：「我知道是什麼意思。河南郡在都城附近，南陽是您的家鄉，這兩個地方都有皇家的親戚。他們佔用的土地很多，但是沒人敢去查。」皇帝明白了，大概是有人想用這個意外的「小紙條」來試探他的反應吧，於是下令河南和南陽要照樣調查，而且要嚴格。皇帝殺雞儆猴，後來河南尹張伋和其他幾個郡的太守因為調查數據不真實而被處以死刑，剛剛被提拔的大司徒歐陽歙也因為貪贓枉法，被關進監獄。

皇帝的這次調查觸動了各地豪強的神經。豪強通常都是有數代積累的世家，家裏都有人做官，和朝廷關係錯綜複雜。雖然這次政令使得部分地區的土地分配情況有所改善，但是仍有些地方官員陽奉陰違，皇帝的詔令很難實施下去。更嚴重的是，某些豪強竟然發動了叛亂，皇帝為了安撫各地豪強，避免王莽時期的戰亂重演，只好不再提度量田地的事情了。

（選自《大漢時政觀察》）

守業接力，劉莊父子之治

　　光武帝劉秀在位三十三年，把天下託付給了太子劉莊，（也就是漢明帝）。劉莊在位十八年，又把皇位傳給了自己的兒子劉炟（即章帝）。劉莊和劉炟都沿襲了光武帝時候的方針政策，吏治方面提拔有德有才之士做官，嚴懲失職的大臣；農業上興修水利，獎勵墾荒，減輕賦稅和徭役；教育上倡導儒學，普及官學和私學，提高百姓文化修養。這些政策讓百姓過上了安定的生活，國家逐漸富裕起來。

皇后和太子都換人啦

劉秀

現在是建武十七年（41 年）十月，我宣佈，改立陰麗華為皇后！

□ 陰麗華：謝主隆恩。　　　　　　　　　　　　　　刪除｜回覆

□ 郭聖通：……　　　　　　　　　　　　　　　　　刪除｜回覆

□ 劉莊：作為陰皇后的兒子，我深感榮幸。　　　　　刪除｜回覆

□ 劉強：唉，一聲長歎……　　　　　　　　　　　　刪除｜回覆

□ XXX：聽說光武帝年輕時的夢想之一就是娶陰麗華為妻，倆人感情真好

啊！　　　　　　　　　　　　　　　　　　　　　刪除｜回覆

劉秀

大家不要誤會，陰麗華和郭聖通都很好，陰麗華是我的第一個妻子，郭聖通為我生下第一個兒子，她們的家族都對我有很大幫助。我選擇陰麗華當皇后是因為她為人大度，心地善良。

☐ 劉強：既然母親不是皇后了，我請求父皇把我的太子之位也撤了吧！

　　　　　　　　　　　　　　　　　　　　　　　　　　　　刪除｜回覆

☐ 郭況：郭聖通是我姐，她不當皇后也沒關係，反正皇帝現在對郭家也挺

　　好的，經常來我家吃飯做客，還提升我的官職。　　刪除｜回覆

☐ yyy：皇帝的度田令一出，各地豪強紛紛冒充盜賊作亂，南陽尤其鬧得

　　厲害，要怎麼安撫他們呢？陰氏家族出身於南陽，你們懂的……

　　　　　　　　　　　　　　　　　　　　　　　　　　　　刪除｜回覆

劉強

建武十九年（43 年），劉莊被立為太子了，祝賀他！對於這一天我心裏早有準備，現在被封為東海王，我的心踏實了許多，只是不能親自照顧母親，令我遺憾。

☐ 劉莊：謝謝哥哥的謙讓。　　　　　　　　　　　　　刪除｜回覆

☐ 郭聖通：我兒劉強，都是母親不爭氣，牽累了你……　刪除｜回覆

☐ 陰麗華：劉強你不用擔心，我會讓人好好照顧你母親的。　刪除｜回覆

☐ 劉秀：你是個好孩子，我給你二十九個縣作封地。　　刪除｜回覆

班超出使西域

　　東漢初期，因為忙着平定叛亂，整頓內務，顧不上和西域人打交道。匈奴人趁火打劫，以武力威懾西域各小國，又屢次進犯大漢邊境。到了劉秀的兒子劉莊時期，國家決定把西域各國的控制權從匈奴手裏奪回來，於是派兵征西域，並讓班超出使西域各國，以恢復我朝和他們的聯繫。

　　本來班超是個書生，靠替官府抄寫文書來賺錢，可他一直特別敬仰張騫，希望能像博望侯那樣有一番業績，於是投筆從戎，進了軍隊。班超做文職的時候沒有出名，但是他參軍後便顯示出傑出的軍事才能，立了功勞，所以才有了這次出使西域的機會。

　　班超帶着屬下先去了小國鄯善（在今新疆南部）。剛開始的時候，鄯善王對大漢使者非常熱情，可過了幾天之後，班超發現不對勁，鄯善王的態度越來越冷淡，原來是匈奴人也派使者來了。班超對屬下說：「不入虎穴，焉得虎子？為了完成我們的使命，不讓匈奴人得逞，晚上我們出其不意地去殺掉匈奴使者吧！」於是當晚，班超帶着三十六名壯士，偷偷摸到了匈奴人的營帳，點了一把火，然後趁亂把匈奴使者都給殺了。鄯善王膽子小，一看到班超這樣做嚇得直哆嗦，趕緊讓自己的兒子做人質，跟隨班超一起回洛陽了。

　　後來班超又成功地出使了于闐（今新疆和田）、疏勒（今新疆喀什）等西域小國，可以拉攏的就拉攏，拉攏不成的就通過戰爭來平定。到了和帝永元六年（94 年），西域五十多個小國全部歸附於我大漢。班超實現了當年的志向，絲綢之路又暢通起來了。

（選自《大漢外交報》）

舉案齊眉的模範夫妻

「舉案齊眉」說的是扶風縣的一對模範夫妻，丈夫叫梁鴻，妻子叫孟光。梁鴻家境不好，在洛陽太學畢業後就回家務農了，但是全縣人都知道，他是個不一般的農民。梁鴻非常善良，學識又淵博，不少人家都想把女兒嫁給他。

扶風縣有一位有錢的人家姓孟，他家的女兒長得身體肥胖，其貌不揚，一般人都看不上眼，因此三十多歲了還沒嫁出去，成了「剩女」。孟家女兒不着急，她母親可着急了，問她到底想嫁個什麼樣的人。女兒回答說：「除非嫁給梁鴻那樣的，其他人我可不嫁！」梁鴻得知此事，就上門提親。孟家老爺高興地答應了——總算把女兒嫁出去啦！

兩人結婚之後，梁鴻卻不太搭理妻子。妻子覺得奇怪就問他：「我有什麼地方做得不對嗎？請你賜教。」梁鴻說：「我想娶一個能和我一

起種莊稼、操持家務的人，但是看夫人你穿着華麗的衣服，戴着珍貴的首飾，所以我不敢親近。」妻子一聽笑了，說：「其實我早有準備啦！」於是回臥室把衣服首飾都換掉了，穿上了粗布衣服，挎着筐出來，問梁鴻：「這樣合你心意嗎？」梁鴻大加讚賞，從此對妻子十分親切，當她是知己，還給她起名為「孟光」。

孟光知道丈夫不想做官，就勸他離開家鄉，到一個沒人認識他們的地方。於是兩人多次搬家，後來到了齊魯一帶，還是過農耕生活，沒想到仍舊出名了，於是兩人就找了個富貴人家，給人家打工。這家的主人發現孟光每天給梁鴻端飯的時候，姿勢很特別，盤子端到眉毛的高度，梁鴻也十分有禮貌地接過盤子。於是主人認識到夫妻倆不是一般人，就請梁鴻和孟光跟他們住在一起，還給梁鴻提供專心著書的環境。

這是一對特別的夫妻。他們的逸事流傳開來以後，大家都紛紛稱頌，說夫妻之間就應該像他們那樣互相尊重。

（選自《大漢婚姻與家庭》）

人物風采 最有才的家族 —— 班氏家族

要說當今哪個家族最有才，大家一定會異口同聲地說：「當然是扶風平陵（今陝西咸陽西北）的班氏家族啦！」確實，我們把班氏家族主要成員的名字寫下來，你會感慨，牛人怎麼都在他家呢！

父親 💬 班彪（儒學大師、史學家。主要成就：著有歷史學論文《前史略論》，續寫出《史記後傳》六十五篇，另有作品《王命論》《北征賦》《覽海賦》等）

哥哥 💬 班固（史學家、文學家。主要成就：受父親影響，專注二十多年寫出史學巨著《漢書》，另有作品《兩都賦》《幽通賦》《白虎通義》等）

　　弟弟 💬 班超（名將、外交家。主要成就：出使西域，重新打通了絲綢之路，恢復了大漢對西域諸國的控制）

　　妹妹 💬 班昭，史學家。主要成就：幫大哥寫完《漢書》，另有作品《東征賦》《女誡》等。她是有名的才女，曾入宮教和帝的皇后和妃嬪們讀書，被尊稱為「曹大家（音同姑）」

（選自《大漢新青年報》）

旅遊指南　雲台與白馬寺

（一）雲台

　　想要去洛陽旅遊，見識一下都城風采的人們，如今又多了一個景點可以去，那就是明帝劉莊下令修建的雲台。

　　雲台很高，上面繪有三十二位功臣的畫像。其中二十八位都是光武帝時候的功臣，大多出自河南、河北，人們稱他們為「雲台二十八將」，老百姓還傳言說他們是天上的星宿下凡。

明帝修建雲台就是想讓這些功臣的名字和事跡流傳後世，讓人們敬仰。

（二）白馬寺

洛陽有座白馬寺，它的來源還有個小故事呢。

傳說明帝劉莊有一天晚上，夢見了一個身高一丈六尺的金光閃閃的人，從空中飛進宮殿。第二天明帝就將這個夢和大臣們討論。

有位大臣對西方的佛教有所耳聞，趁機告訴明帝說，這夢中發光的一定是來自西方的聖人。明帝聽了很感興趣，於是選了個黃道吉日，派人去西域尋求佛法。

後來，西域的佛經用白馬馱到了洛陽，明帝就命人專門修建了寺廟，即「白馬寺」來存放經文。

（選自《洛陽旅遊指南》）

新書速遞　王充寫《論衡》

你是否對鬼神之事有所疑惑？各種自然現象是上天對人的警示嗎？人活着，心中總有種種疑問，有對外物的，也有對生命本身的。如今我們的大思想家王充的著作《論衡》可以解答你心中的疑問。《論衡》一出，誰與爭鋒？欲購從速哦！

1. 強項令的名字叫什麼？

    A. 宋弘　　B. 耿弇　　C. 董宣　　D. 孔奮

2. 下面哪一組的詞語出自馬援的名言？

    A. 老當益壯、馬革裹屍　　B. 有志者事竟成

    C. 明犯強漢者，雖遠必誅　　D. 不入虎穴，焉得虎子

3. 漢明帝在哪裏展示三十二位功臣的畫像？

    A. 白馬寺　　B. 扶風　　C. 雲台　　D. 南陽

答案：1. C　2. A　3. C

8

東漢衰落

八八年～二二〇年

◎外戚和宦官們為了權勢，八仙過海、各顯神通，他們相互爭鬥，誰是贏家？

◎為什麼竇憲北伐匈奴取得大勝，卻仍舊不得人心？

◎天災人禍不斷，科技發明卻不少，誰是大漢最傑出的發明家？

◎隨着東漢的衰落，皇帝們的年齡也小得不可思議。你見過還裹着尿布的皇帝嗎？

◎一曲簡單的童謠竟道出了東漢衰落的原因，令人可悲可歎啊！

竇皇后鳩佔鵲巢

有種比較霸道的鳥類叫斑鳩。牠喜歡把蛋下到其他鳥兒的窩裏，等到不知情的鳥兒辛辛苦苦把小斑鳩孵出來，小斑鳩又仗着自己體格大，把窩裏沒孵出的蛋都擠得掉下樹，這樣牠就可以吃獨食了。如今章帝的媳婦竇皇后就類似這霸道的斑鳩。

竇太后是當年光武帝時被廢的皇后郭聖通的曾孫女，她的母親沘陽公主是東海王劉強的女兒。據說竇太后六歲的時候就能夠寫文章了，表現出不一般的智慧。她的家人就精心培養她，把她送入宮中。後來果然不一般，竇氏雖然沒有兒子，但是依然成了皇后，後來又成了太后。她自己沒有兒子，就認梁貴人的兒子為子，然後又陷害梁貴人的父親，使得他含冤而死，梁貴人也抑鬱而亡。為了讓搶來的兒子劉肇做皇帝，她用計謀使章帝劉炟疏遠了得寵的宋貴人，廢掉了原太子劉慶。

章和二年（88年），年僅三十多歲的章帝去世，繼位的劉肇才十歲，於是竇太后臨朝聽政，成了實際上的掌權人。

（選自《大漢參考消息》）

竇憲北伐匈奴大獲全勝

匈奴侵犯我大漢邊境多年，歷來是朝廷的心腹大患。永元元年（89年），朝廷派出以車騎將軍竇憲為將的數萬兵馬北伐匈奴。

車騎將軍竇憲是竇太后的哥哥，性格囂張跋扈，曾經因為犯錯被竇太后關進宮中。被關禁閉的滋味不好受，竇憲為了能早日脫離小黑屋，就想辦法立功表現，於是主動向妹妹竇太后請纓出戰，竇太后同意了。雖然這時候國家資源並不豐富，恐怕不能支撐一場大的戰役，但竇家勢力大，主戰派說服了反對派，於是竇憲率領一支異族和邊境雜民組成的軍隊出戰了。

竇憲沒有給他妹妹丟臉，用了兩年時間，在永和三年（91 年），將北匈奴徹底擊敗。二十多萬北匈奴人投降，大漢在北方的疆域也擴大了。為了顯示功績，竇憲命人在燕然山立了一塊大石碑以示紀念，上面刻着由史學家班固撰寫的碑文，稱頌了大漢王朝的威勢，也宣揚了竇憲的功勞。

竇憲班師回朝，受到了很多封賞，官職升到了大將軍，地位在三公之上。可奇怪的是，竇憲雖然立的功勞不亞於當年的衛青、霍去病，但是他的名聲卻很差。竇憲手握兵權，皇帝劉肇也害怕他，於是竇憲更加狂妄了，憑着自己的權勢驕橫跋扈，無惡不作。他還在朝廷安插自己的親信，文武百官實際上都要聽他的吩咐，竇氏家族的外戚專權開始了。

（選自《大漢軍事觀察報》）

聚焦熱點　永元四年六月大事記

永元四年（92 年）的六月是一個不平靜的月份，不但出現了旱災和蝗災，還發生了以下幾件大事——

六月初一：日食。

六月十九：十三個郡國發生地震。

六月二十三：大將軍竇憲試圖謀反，被皇帝劉肇發現。參與謀反的人都被逮捕，有的被關到監獄，有的被逼自殺。

記者感言 💬 在這個月份，不但大地發生了地震，朝堂也發生了一場政治地震。在宦官中常侍鄭眾和清河王劉慶的幫助下，皇帝把竇氏家族趕下了台，實現了自己的夙願，正式執掌朝政。

（選自《洛陽晨報》）

知識廣角　海水原來是鹹的

大漢百姓大多生活在內陸，很多人不了解大海。我們的使者甘英告訴大家，大海是莫測的、危險的，而海水是鹹苦的，不能飲用。

永元九年（97 年），甘英奉西域都護班超的命令出使大秦（羅馬帝國）。他率領使團路過安息（今伊朗境內），到了西海（今波斯灣）邊。他看着茫茫大海，心中沒底，於是找當地人打聽。

當地人告訴甘英，出海後海水鹹苦不能飲用，而且海域非常廣闊。假如天氣好，而且順風的話，最快也要三個月才能到達大秦。如果逆風而行，或者遇到風浪，也有可能在海上漂流兩年多才能到達，所以大家一般都要帶好能吃三年的糧食。三年不在陸地上，人們思鄉之情會特別重，鬱鬱寡歡之下常有船員死去。

甘英聽了他們的介紹，覺得自己的使團不能完成使命，於是知難而退，返回大漢。

外國人眼中的漢朝

絲綢之路開闢後，我朝加強了與周邊國家的交流，外國人對我們也有了更多的了解。在他們眼中，我們是什麼樣的呢？記者走訪了多位絲綢之路上的商人，也通過翻譯採訪了一些外國人，原來他們眼中的我們是這樣的——

外國人眼中的我們很奢侈。國內的絲綢、珠寶、瓷器、茶葉、鐵製品等在國外十分熱銷。據來往的商人稱，外國人都羨慕我們能擁有如此多的奢侈品。據說外國人叫我們大漢為「賽里斯」，意思是「絲綢之國」。大秦（羅馬）的貴族非常喜歡我們的絲綢。有的人異想天開，覺得絲綢是從樹上長出來的。呵呵，我們可沒有那種神奇的樹啊！

外國人眼中的我們很文明。有的外國人說，我們大漢人謙和、拘束，比較內向，容易害羞，能夠和鄰居和平相處。

外國人眼中的我們很會唱歌。有人說我們大漢是

個歌唱家的國度，估計是有人看到富貴人家的歌舞表演了吧。我們的民歌也比較多，大漢朝廷還有專門搜集和整理民歌的部門，也就是樂府。

大漢人都是老壽星。

外國人眼中的我們很長壽。有些外國人覺得我們大漢人能活一百三十多歲，甚至二百多歲，不知道他們是從哪兒得到這樣的信息的。我們的神仙傳說裏有長壽的人，比如彭祖，據說他活了八百多歲，可後來我們知道彭祖家鄉的紀年法和我們不同，所以他最多活了一百多歲。大漢倒是有不少長壽的老人，但是也有不少人夭折。當天災（例如地震、旱災和蝗災）或者戰爭來臨的時候，誰都難以長壽。

不管外國人眼中的我們是怎樣的，我們自己都要自強不息。儒家典籍中有句話說得好：「君子慎獨。」品德高尚的人即使在一個人獨處的時候，也一定會謹慎，注重個人修養，讓我們以此共勉吧！

唐羌建議取消進貢嶺南鮮果

從我朝西漢武帝開始，嶺南七郡便開始向朝廷進貢新鮮的龍眼和荔枝。這兩種水果鮮嫩透明，味道甜美，皇家的人都喜愛吃，有時候也賞

賜給功臣。如今卻有位縣令跳出來對朝廷說：「你們不要再讓嶺南進貢鮮果了，因為貪吃而害死了多少人哪！」這位膽大的縣令名字叫唐羌。

唐羌管轄臨武縣，向朝廷進貢鮮果的役夫們都會經過這裏。為了讓水果保持新鮮，役夫們日夜兼程，想以最快的速度送往朝廷。然而路途艱險，不但難走，而且有時候還會遇到猛獸襲擊，再加上天氣炎熱，常常有役夫累得病倒了，不少人死於運送鮮果的途中。唐羌心地善良，不忍再看到這種情況繼續下去，就在永元十五年（103 年）上書請求皇帝（即和帝劉肇）取消鮮果的進貢。唐羌寫道：「吃龍眼和荔枝也未必能夠長壽。那些因為勞役死去的人卻不會復生了。我們應該避免以後繼續出現傷亡。」皇帝看了他的奏章，覺得他說得有道理，於是下詔取消了嶺南龍眼和荔枝的進貢。

一則奏章拯救了許多人的性命，唐羌接到詔書後非常欣慰，然後就辭官歸隱了。

（選自《洛陽生活報》）

最偉大的父母官 —— 鄧訓

大家都知道，生了病得求醫問藥，對症施治，可有個叫羌族的少數民族部落，他們的人以生病為恥，有些人甚至一生病臥牀就拿刀自盡，令人惋惜。

自從大漢派去了護羌校尉鄧訓，這種病人自殘的情況才得到改善。鄧訓一聽說誰家有人病重了，就先命人把他捆綁起來，不讓那人接觸到兇器，然後再找醫生來給病人看病。就這樣，有不少得了重病的人又被

拯救過來了。類似這樣的好事鄧訓做了不少，羌族人十分感動，都願意聽從他的調遣。有些部落的人聽說了他的善行，主動來歸降漢朝。在羌族等少數民族人民的心目中，鄧訓就是最偉大的父母官。

鄧訓還善於安撫少數民族各部落，化解他們之間的仇怨，不讓他們互相殘殺，是一位真正心繫少數民族百姓的人。

永元四年（92 年）冬，鄧訓因病去世，時年五十三歲。鄧訓去世之後，大漢百姓和少數民族百姓都表示沉痛哀悼，每天去參加弔唁的人多達幾千人。有的人為了表達對鄧訓的追念，在家裏立下他的牌位，擺上香火來祭祀，有了疾病向他祈禱保佑。也有比較極端的人，說要追隨鄧訓而去，殺掉家中的牛羊，然後自殺。這種做法着實令人遺憾。本報號召大家不要從事過激行動，不要過度哀慟，讓鄧訓在天之靈也得到安息吧！

名人訪談　誰說女子不如男（特約嘉賓：鄧綏）

歷來多是皇帝掌權，後宮女子為了奪得皇帝的寵愛而鈎心鬥角，可如今有位皇后表現得十分大氣，不屑於後宮的爭鬥，卻在政治生涯上塗抹出炫目的一筆。如今我們的記者對其進行了專訪，讓我們了解一下這位不平凡的皇后 —— 鄧綏吧！

記者

　　鄧皇后您好，和帝有兩任皇后，第一任是陰皇后，第二任才是您。您是怎樣取而代之的呢？

鄧綏

　　你好，我是鄧訓的女兒，祖上是雲台二十八將之一的鄧禹。我從小熟讀儒家經典和史書，在學習方面比哥哥們都強。讀書讓我眼界開闊，也讓我對朝堂之事更感興趣。後宮女子之間計較的小事，我卻不放在心上。陰皇后個子矮小，我在她跟前就彎着腰，不顯示自己高挑的身材；陰皇后喜歡色彩豔麗的服裝和精美的首飾，我就表現得素淡一點，不去爭豔。

　　在後宮我是最低調、最和善的人，也是人緣最好的人。有一次陰皇后趁皇帝生病之機想要暗害我，還是宮裏的小太監給我報的信。後來她用巫蠱的方法詛咒我的行為被人告發了，皇帝就廢掉了她的皇后之位。永元十四年（102年），我二十二歲時，皇帝封我為后。我認為現在的地位都是依靠我的品行得來的。

記者

　　您與和帝感情很好。在您眼裏，和帝是一個怎樣的人？

鄧綏

　　和帝是一位勤政愛民的好皇帝。他為人孝順，竇氏家族反叛之後他依然對竇太后很好。我覺得最大的遺憾就是他英年早逝。

　　元興元年（105年），和帝去世，年僅二十七歲。如果和帝能夠多活五十年，我相信大漢一定會更加興盛，可惜他不但去世得早，子嗣也不多，這也是我的遺憾——我沒能為他生育後代。後來只好讓三個月大的小嬰兒劉隆來繼承他的皇位。

和帝英年早逝，這真是十分可惜可歎的事情。在很長一段時間裏，您都在臨朝聽政。殤帝劉隆才活到兩歲，後來您又過繼清河王劉慶的兒子劉祜為子，讓他做了皇帝。對您的能力，文武百官都十分佩服。請問您在親政期間有哪些難忘的事？

回想一下，我有幾件事做得比較好：第一件是節儉。在我執政期間，不再讓各地進貢珍玩寶物。上林苑用來捕獵的鷹和狗也讓我賣掉了。這樣一來，每年能節約數千萬的錢幣。

第二件是執政期間不忘學習。我請學識淵博的班昭當老師，學習儒家經典和天文、算術等科目。我還請了一批老師來教授宮裏的人。每天宮裏書聲琅琅，而不再是鶯歌燕舞，我覺得這樣的氣氛非常好。

第三件是明察秋毫，減少冤獄。我有的時候會去監獄親自審查囚犯，使有冤屈的犯人得以平反，斷案有錯的官員則被關進了監獄。

第四件是約束外戚，不讓人捉到把柄。自從我執政以來，有不少族人擔當了重要職位。為了防止他們驕橫跋扈，走上竇氏家族的老路，我重視族人的品德教育，還特意命人糾察族人的過失，一旦有犯錯的，就要追究法律責任。

看來鄧綏無論作為皇后，還是皇太后，都是稱職的，上不愧於先帝，下不愧於百姓。誰說女子不如男？這樣的女子實在令人敬佩。

官場現形　天知、地知、你知、我知

　　官吏都喜歡好名聲，喜歡自稱清正廉潔，但是否真的清廉，恐怕只有他們自己心裏最清楚。如今有位教書二十多年的先生被鄧太后的哥哥鄧騭（音同至）推舉做了官。這位先生教書育人，品德高尚，人稱「關西孔夫子」，他的名字叫楊震。

　　有一次楊震路過昌邑縣，昌邑縣令王密正好是他以前舉薦過的人。王密見楊震依然清貧，兩袖清風，就深夜找他談話，臨走時給楊震留下十斤黃金。楊震一看，說：「你怎麼不了解我呢？我不能收取你的錢財。」王密笑着說：「我這是為了報答您的恩德，您快收下吧！再說您收了也不會有人知道的，不會影響您的清名。」楊震嚴肅地說：「天知、地知、你知、我知，怎麼能說沒人知道呢？」王密啞口無言，一下子臉紅了，於是帶着金子慌忙走了。

（選自《大漢臣子言行錄》）

情感專題　父親打我，我也要孝順

　　我是薛包，大家都說我是個厚道人。小時候母親去世後，父親又給我娶了繼母。不知道是不是因為繼母不喜歡我，父親不讓我和他們在一起生活。我對父親說：「我不想離開家。請讓我繼續孝敬你們吧！」父親聽了卻非常生氣，拿棍子打我，用暴力把我攆出家門。

我哭着在野外待了一會兒，覺得自己還是應該孝順父母，於是每天晚上在家門外睡覺，早上起來回家打掃院子，做一些家務。父親見了不高興，不讓我睡在門外，我只好找了個遠點的地方，每天晚上將就睡一會兒，早上起來依然回家看望父母。

俗話說，人心都是肉長的。時間久了，父親和繼母都覺得慚愧和感動，於是把我接回了家，我對待他們依舊體貼孝順。後來父親去世了，弟弟們要求分家，我就挑選那些破舊不太好的家產留給自己，把大部分財產都分給了弟弟們。有的弟弟不會操持家產，反倒過得不如我，我就拿出錢財接濟他們。

皇帝劉祜聽說我是個有德之人，屢次想讓我進朝廷做官，都被我拒絕了。有人說我傻，不過我感覺這樣平淡安分的生活很不錯。

（選自《感動大漢人物》）

趣味對決　外戚與宦官的爭鬥

從章帝劉炟開始，我們東漢的朝廷內就圍繞皇權展開了外戚與宦官的爭鬥，一時間十分熱鬧。皇帝們被夾在雙方之間，有的皇帝靠向其中一方，煽風點火，拔刀相助；有的卻無能為力，只能當個裁判，爭鬥之後聽命於勝利者的擺佈。下面是外戚與宦官的數次爭鬥，讓我們來看看勝負如何吧！

第一回合　章帝-和帝初期

外戚代表	竇皇后、竇憲
宦官代表	鄭衆
經過	竇皇后害死了後宮的情敵們，廢掉了太子劉慶，鄭衆憤憤不平。
結果	外戚勝。

第二回合　和帝執政期

外戚代表	竇太后、竇憲
宦官代表	鄭衆
經過	竇憲謀反，廢太子劉慶和宦官鄭衆幫助和帝除掉了竇憲和參與謀反的人。竇太后失勢，鄭衆因功封侯。
結果	宦官勝。

第三回合　鄧綏執政期

外戚代表	鄧綏
宦官代表	蔡倫
經過	鄧綏很賞識蔡倫，封他為龍亭侯，食邑三百戶。
結果	外戚與宦官暫時休戰，和平相處。

第四回合　安帝執政期

外戚代表	鄧騭
宦官代表	李閏、江京
經過	宦官們在安帝耳邊說鄧氏家族的壞話，讓安帝感到恐懼。等到鄧太后去世後，安帝就在宦官們的支持下，給鄧氏家族的一些人強加了謀反的罪名，鄧氏家族損失慘重。
結果	宦官勝。

第五回合　順帝執政期

外戚代表	閻皇后、閻顯
宦官代表	孫程
經過	安帝去世後，閻皇后和他的哥哥急忙扶持了章帝的孫子劉懿即位。沒想到劉懿不到一年就病死了。宦官孫程隨即扶持劉保即位，鏟除了閻氏家族，孫程等十九位有功的宦官都被封侯。
結果	宦官勝。

第六回合　梁太后執政期

外戚代表	梁太后、梁冀
宦官代表	無
經過	梁氏家族權傾朝野，先後立兩歲的沖帝、八歲的質帝、十五歲的桓帝為帝。梁冀知道皇帝對自己不滿，就毒殺了質帝。
結果	沒有能夠與外戚抗衡的宦官，外戚勝。

第七回合　皇帝劉志、劉宏執政期

外戚代表	梁太后、梁冀
宦官代表	單超
經過	皇帝對無法無天的梁冀不滿，單超等五位宦官與皇帝合謀除掉了梁冀，抄沒的梁家家產達到了三十多億，五位宦官都被封了侯。
結果	宦官勝。

（選自《洛陽時報》）

麻辣點評：

　　皇太后通常比皇帝長壽，所以就能執掌朝政，被扶持的常常是容易掌控的不懂事的孩子。無論是東風壓倒西風，還是西風壓倒東風，受苦的都是老百姓。外戚與宦官的鬥爭，讓朝廷多了許多善於見風使舵的人，我們國家也就越來越亂了。

我朝皇帝出現幼齡化趨勢

殤帝劉隆剛出生就即位了，從他開始，大漢朝的皇帝大多都在幼年即位，還有好幾位還未成年就去世了。

是不是該叫奶媽給皇帝餵奶啦？

還是先給皇帝換尿布吧！

靈帝寵信宦官，得，倆太監成他父母了！

張常侍是我父，趙常侍是我母。你倆對我太好啦！

大漢皇帝們身體健康狀況堪憂，不少早逝的，也有被毒死的。

質帝劉纘和少帝劉辯看起來都是比較聰明的皇帝，可惜他們都被毒死了。

唉，希望下一任皇帝能夠健康長壽吧！

末代皇帝劉協在延康元年（220年）把皇位禪讓給了曹操的兒子曹丕。大漢王朝結束了。

好消息，我們終於有能活過四十歲的皇帝了！

劉協是活過了四十歲，可我們的王朝也被獻出去了。

皇帝	即位年齡	在位時間	去世年齡
殤帝劉隆	出生 100 天	8 個月	不到 1 歲
安帝劉祜	13 歲	19 年	32 歲
順帝劉保	10 歲	19 年	30 歲
沖帝劉炳	2 歲	不到半年	3 歲
質帝劉纘	8 歲	不到一年	9 歲
桓帝劉志	15 歲	21 年	36 歲
靈帝劉宏	12 歲	22 年	34 歲
少帝劉辯	15 歲	不到半年	15 歲
獻帝劉協	9 歲	31 年	54 歲

人物風采　**我們的榜樣**

神童杜安

　　東漢中期，有個叫杜安的神童。他十三歲時就進入太學學習，表現得非常優異。

　　朝廷官員和王公貴族們聽說這個孩子聰慧過人，覺得他以後一定前途無量，於是都寫信巴結他。後來有個貴族犯罪，他的信件牽連到不少人，其中就有杜安。

　　當搜查到杜安這裏時，差官驚奇地發現，杜安把別人寫給他的信都砌在牆裏了。那些信件被挖出來之後，全都完好如初，沒有打開過的痕跡。原來杜安一直都沒有讀那些人給他的信，可見他的心志堅定，不為

外物所誘惑。

後來杜安從政，在巴郡做太守，政績突出，人們都十分敬佩他。

李固千里求師

順帝時，有位剛正不阿的大臣叫李固。雖然他的父親也是朝廷大臣，但是他從不以官二代自居，而是表現得非常謙和，沒有紈綺子弟的作風。

李固年少的時候勤奮好學，在同學之間名聲很好。為了能夠學到更多的知識，少年李固不滿足於學堂裏所學的一點東西，也不着急進入仕途當官，而是帶上行李跋涉千里，尋訪名師的指點去了。讀萬卷書，行萬里路，李固一路走來，受益頗多，文學、歷史、天文、地理無所不通。回到家鄉後，周邊的學子都慕名來拜訪他，向他求教。李固千里求師，結果他也成為一位博學的老師。

傳說中的「跋扈將軍」梁冀

我是梁不疑，哥哥是大將軍梁冀，妹妹是皇帝劉保的皇后梁妠。

我們的父親梁商為人謙恭溫和，生活樸素節儉，盡心盡力為皇帝做事，推舉了不少賢良之才，可我們的大哥梁冀卻一點沒遺傳父親的優點。聽說大樹底下的莊稼都長不好，小樹也容易長歪，梁冀就是那棵長歪的小樹，外貌醜陋，品行極差。

皇帝以為我們的父親梁商人品好，他的兒子一定能行，就在父親去世後讓梁冀接任了大將軍的職位。梁冀性格暴虐，殘害了不少忠良。我

雖然不認為自己的品德能比得上父親，但是怎麼也比大哥強。有時候看不過眼就對他進行勸誡，他也不聽。

逐漸地大家都看出梁冀是個什麼樣的人了。皇帝劉纘即位時年僅八歲。小孩子說話也直，有一次在朝堂上當着文武百官的面說梁冀：「這是跋扈將軍！」梁冀很不高興，後來就把劉纘給毒死了。連皇帝都敢害，我的大哥多囂張跋扈啊！

梁冀不但貪污腐敗，嫉賢妒能，對親人也不好。我喜歡讀書，經常結交一些名人文士，名聲比大哥好，於是他就嫉妒了，千方百計阻撓我升官。我感到和這樣的人為伍是一種恥辱，於是辭官回家，閉門不出，和梁冀劃清界限。沒想到我即使這樣讓步，大哥依舊不依不饒，暗暗記下與我來往的客人名單，瞅誰不順眼就加害於他。

唉，我們梁家的權勢確實無人能比，但是有這樣的大哥，還愁不沒落嗎？

特別策劃　本報評選出兩位最傑出發明家

經過專家和群眾的評選，本報最終評選出兩位「東漢最傑出發明家」，他們是蔡倫和張衡。請看他們的主要貢獻。

蔡倫改進造紙術

你還在用竹簡或者布帛寫字嗎？那就落伍啦！如今發明家蔡倫改進了造紙術，我們可以用紙這種更輕便的載體來書寫和繪畫了。

需求促進發明，皇帝劉肇的皇后鄧綏是個大才女，喜歡筆墨紙硯。

負責掌管宮中御用器物製作的宦官蔡倫就想辦法製造了這種輕便的紙。據說蔡倫此人，喜歡在節假日的時候跑到田野裏脫光衣服曬日光浴，或許他造紙的想法就是在他曬日光浴時靈機一動冒出來的吧？

其實前人也有嘗試造紙的，不過造出的紙質量不好，比較粗糙。蔡倫造紙，先將樹皮等原料切碎搗成漿，然後經過蒸煮後除掉裏面的雜質，再攤成薄片晾乾，這樣造出的紙細緻光滑，顏色潔白，書寫方便，比竹簡輕巧得多。

元興元年（105 年），蔡倫向皇帝呈獻了自己改進後的紙，皇帝非常高興，下令向全國推廣這種造紙術。皇后鄧綏掌權後，蔡倫被封為「龍亭侯」，他改進的這種紙就被稱為「蔡侯紙」。

張衡發明地動儀和渾天儀

張衡不但是文學家，也是發明家，天文、地理、曆法、數學無所不通。我們都納悶，他是怎樣學會這麼多知識的。

張衡的發明有很多，有指南車、會飛的機關鳥、記錄行車里數的記里鼓車等，最著名的還是地動儀和渾天儀。

東漢時期，我們國家經常發生地震，大約五十年的時間，就有三十三次地震。地震給百姓和國家帶來了嚴重的損失。有的人認為這是上天的神靈降下來的懲罰，但是張衡不以為然。陽嘉元年（132 年），為了研究地震的規律，張衡搜集各地地震的材料，根據數據研發出一架地動儀。

地動儀的外面雕刻着鳥獸的花紋，直徑約八尺，用精銅製成，整體看上去像一個大酒罈。它的中心有一根柱子，柱子連着八個方向的機關，機關外端是龍頭模樣，嘴裏含着小銅球。八個龍頭的下方對應有八個張着嘴的銅蛤蟆。按照張衡的設想，假如哪個方向有地震，那個方向的龍頭就會吐出銅球，掉在蛤蟆嘴裏。地動儀製作完成後，有一天西北方向的龍頭吐珠了。幾天後，果然有隴西的人來稟報說發生了地震。

張衡發明的渾天儀是一個可以演示天象的空心銅球，銅球上刻着各種天象，球體外面還有地平圈、子午圈、黃道圈和赤道圈。黃道和赤道圈上刻着二十四節氣。在轉動球體的時候，我們可以看出天體運行的規律。張衡還為這個發明研究出一個水力推動的齒輪，用來帶動銅球旋轉。銅球轉動一圈的時間和地球自轉一圈所用的時間是一樣的。

聚焦熱點　張仲景與「祛寒嬌耳湯」

我朝出現了一位醫德高尚的名醫，他的名字叫張仲景，老百姓們都十分信服他，稱他為「醫聖」。張仲景刻苦研究藥理藥效，採集整理了大量驗方，把他的經驗寫成著作《傷寒雜病論》和《金匱要略》。據說張仲景還創製了一種食物，叫「祛寒嬌耳湯」，老百姓都喜歡喝。

傳說一年冬季，張仲景告老還鄉的途中，看見許多百姓的耳朵都被寒風給凍壞了，於是就讓隨從幫忙搭起了棚子，在裏面放一口大鍋。好奇的老百姓上前觀看，只見張仲景帶着一批人正忙着用羊肉和一些祛寒藥材和餡兒，然後用麵皮包成耳朵形狀放在鍋裏煮。煮好之後就分給了路過的百姓，告訴他們回家後也可以用這種方法來煮湯禦寒。

老百姓們就把這種湯叫作「祛寒嬌耳湯」，大家都說喝了這種湯就不怕凍耳朵了。後來還有老百姓模仿「祛寒嬌耳湯」做了形狀類似的食物，管這種麵食叫「扁食」或「餃子」，經常在慶祝新年時來吃。

為了回報大家訂閱本報的熱情，本報編輯部食堂近日特設「祛寒嬌耳湯」攤位，請訂報滿兩年的讀者攜帶證明來本報食堂，每人限領取兩份「祛寒嬌耳湯」，請大家不要錯過哦！

這些不是玩具

陶樓

說唱俑

陶豬

看了上面的圖片，也許你會說：「這些是泥捏的玩具吧！」其實不是的，這些都是明器。

明器是死者下葬時帶入地下的隨葬品。曾經有段時間流行厚葬，後來人們漸漸覺得厚葬不如簡葬，一方面能節省錢財，另一方面也防備盜墓——當年赤眉軍挖盜皇家陵園墓地的事情實在是令人印象深刻啊！

明器大都是陶器，按照實物的形態燒製而成。有的做成住房、院落、池塘、船，還有的做成人和動物的形狀。這些都是象徵性的隨葬品，不富裕的人家也負擔得起這筆費用，所以用明器陪葬很普遍。

童謠賞讀

舉秀才，不知書

舉秀才，不知書。

舉孝廉，父別居。

寒素清白濁如泥，

高第良將怯如雞。

【賞讀】

這是當下流傳很廣的一首童謠，或許有些讀者曾聽過。童謠的大意是：被推薦做官的人，不是沒讀過書，就是沒有品德（例如跟父親分開居住，不孝順的），根本就不是什麼「秀才」和「孝廉」。朝廷裏那些所謂「清白」的官吏，其實所作所為像污泥一樣骯髒，而所謂的「良將」，膽小得像隻雞一樣。童謠諷刺了那些有名無實的人，也揭露了人才選舉的不得當與官場的腐敗。

童謠一般都是天真可愛的，而這首童謠含義深刻，諷刺意味濃厚，可能是哪位有才的私塾先生編來教小孩兒們唱的吧！想當年，我們大漢也出過賈誼、司馬相如、張衡那樣的才子，到現在卻朝堂混亂，外戚和宦官鬥得昏天暗地，根本不顧及百姓疾苦。內無賢臣，外無良將，我們大漢岌岌可危啊！

1. 被稱為「跋扈將軍」的是誰？

   A. 竇憲　　B. 鄧訓　　C. 梁不疑　　D. 梁冀

2. 「天知，地知，你知，我知」是誰的名言？

   A. 王密　　B. 張衡　　C. 楊震　　D. 許慎

3. 《傷寒雜病論》的作者是誰？

   A. 華佗　　B. 張仲景　　C. 神農　　D. 黃帝

答案：1. D　2. C　3. B

兩漢

責任編輯　黃　帆
裝幀設計　黃安琪
排　　版　沈崇熙
印　　務　劉漢舉

主編
李樹芬　譚海芳

編寫
崔瑜昕

出版
中華書局（香港）有限公司
香港北角英皇道 499 號北角工業大廈一樓 B
電話：（852）2137 2338　　傳真：（852）2713 8202
電子郵件：info@chunghwabook.com.hk
網址：http://www.chunghwabook.com.hk

發行
香港聯合書刊物流有限公司
香港新界大埔汀麗路 36 號
中華商務印刷大廈 3 字樓
電話：（852）2150 2100　　傳真：（852）2407 3062
電子郵件：info@suplogistics.com.hk

印刷
美雅印刷製本有限公司
香港觀塘榮業街 6 號海濱工業大廈 4 樓 A 室

版次
2018 年 12 月初版
©2018 中華書局（香港）有限公司

規格
16 開（170mmX240mm）

ISBN
978-988-8571-82-6

本書繁體字版由中國少年兒童出版社授權出版。